Viresha J. Bloemeke

»Es war eine
schwere Geburt ...«

Viresha J. Bloemeke

»Es war eine schwere Geburt ...«

Wie traumatische Erfahrungen
verarbeitet werden können

Kösel

© 2003 by Kösel-Verlag GmbH & Co., München
Printed in Germany. Alle Rechte vorbehalten
Illustrationen: Maria Ackmann, Hagen (S. 154, 163) und
Wolfgang Pfau, Baldham (S. 55, 67,)
Fotos auf den Seiten 84, 154, 156: Maximilian Lips, Hamburg
Druck und Bindung: Pustet, Regensburg
Umschlag: Elisabeth Petersen, München
Umschlagmotiv: ZEFA / A.Inden
ISBN 3-466-34467-0

*Gedruckt auf umweltfreundlich hergestelltem Werkdruckpapier
(säurefrei und chlorfrei gebleicht)*

Inhalt

Vorwort..................................... 11

1 |
Einleitung und Übersicht................ 13

Vom Traum zum Trauma..................... 13
Erfahrungen aus der Praxis.................. 14

2 |
Was ist ein Trauma und welche Folgen kann es haben?........................... 18

Definition................................... 18
Die Folgen.................................. 18
Erklärungsmodelle........................... 19
Posttraumatische Belastungsstörung (PTBS)......... 21
Die Symptome der PTBS..................... 22

3 |
Was kann zu einem traumatischen Geburtserlebnis führen? 25

Ein Schicksalsschlag 26
Die Art der Begleitung 29
Die Vorgeschichte 33

4 |
Welche Folgen hat ein Geburtstrauma für die Frau? 36

Nie wieder! 36
Nie wieder? 37
Hürde beim Bonding 38
Stillprobleme 39
Tränen im Wochenbett 40
Einfluss auf die Sexualität 41
Posttraumatische Belastungsstörung 42
Ängste bei einer nachfolgenden Schwangerschaft ... 44

5 |
Angstbewältigung bei einer weiteren Schwangerschaft 46

Eine besondere Herausforderung 46
Wenn in der letzten Schwangerschaft Ihr Baby gestorben ist 47
Was können Sie ganz konkret tun? 47

6 |
Was nun, was tun? Wege zur Trauma-Heilung 53

Das Reiseziel benennen 53
Die Landkarte und die eigenen Möglichkeiten betrachten 54
Den Abreisetermin festlegen 57
Informationen sammeln 57
Eine Entscheidung treffen 60
Vorbereitungen für die Heilungsreise 62
Fortbewegungsmittel wählen 70
Reisebegleitung wählen 72

7 |
Körpertherapeutische Behandlung – Berührung der Seele 78

Therapie – ein Geburtsprozess 79
Sicherheit erleben 80
Wahrnehmungen lenken 83
Entspannung finden 89
Erinnerungen begegnen 91

8 |
Selbsthilfemethoden zur Heilung 93

Übersicht der Selbsthilfevorschläge 94
Bewegungsübungen 96
Fantasiereisen 100

Geistige Arbeit 105
Ausdruck und Stimme 117
Schreiben 119
Kreatives Gestalten 124
Selbstmassage 129
Rituale gestalten 132

9 |
Geburtstrauma für das Kind? 138

Wie erlebt das Kind seine Geburt? 138
Wie können Sie als Eltern »heilsam« wirken? 139

10 |
Was nun, was tun fürs Kind? 146

Körperliche Spuren der Geburt 146
Befindlichkeitsstörungen 152
Gibt es PTBS beim Neugeborenen? 164

11 |
Geburtstrauma für den Mann? 167

Wie ist es Ihnen ergangen? 167
Welche Folgen hatte all das für Sie? 169
Was tun? 170

12 |
Traumatische Geburtsverläufe für
Hebammen und Geburtshelfer............ 172

Traumberuf?........................... 172

13 |
Trauma im Beruf – Was tun, um sich zu
helfen?................................ 177

Das Feuer des Idealismus hüten................ 177
Wissen um Grenzen erweitern................. 179
Verletzungen auf beiden Seiten wahrnehmen....... 181
Auswirkungen vorangegangener Traumata
erkennen................................... 184
Ausgleich suchen, um Ihre Arbeit leisten zu können.. 187

14 |
Die Traumgeburt....................... 189

Ein Korb voller Erwartungen................... 189
»Gebären in Sicherheit und Geborgenheit«........ 191
Traumgeburt für das Kind..................... 199

15 |
Schlusswort............................ 202

16 |
Anhang 203

Dank 203
Anmerkungen 205
Literaturverzeichnis 213
Adressenliste 219
Register 230
Kontakt 237

Vorwort

An die Frau

Könnten Sie immer noch weinen, wenn Sie an die Geburt Ihres Kindes denken? Haben Sie nach dem Geburtserlebnis »Nie wieder!« beschlossen? Haben Sie nicht nur Ihren eigenen Schock zu bewältigen, sondern auch noch mit dem untröstlichen Schreien Ihres Babys fertig zu werden? Sehen Sie Ihr Kind an und denken: »Eigentlich müsste ich glücklich sein!«?

Oder sind Sie wieder schwanger und merken, dass Sie beim Gedanken an Ihre erste Geburt Panik verspüren und diese Gedanken Ihre jetzige Schwangerschaft überschatten?

Mit diesem Buch möchte ich mich an Sie wenden und Ihnen Wege zur Verarbeitung Ihres traumatischen Geburtserlebnisses aufzeigen.

An den Mann

Auch Sie als Vater werden sich Ihrer eigenen Gefühle bewusst, wenn ich von den Erfahrungen der Frauen in meiner Praxis berichte. Sie können dadurch auch für sich Anregungen finden, um ein für Sie schockierendes Geburtserlebnis zu verwinden. Da die Geburt Ihres Kindes nicht auf so unmittelbare Weise mit Ihrem Körper verbunden ist wie bei Ihrer Frau, werden Sie auch andere Wege als Ihre Frau suchen. Deshalb ist ein Abschnitt in diesem Buch nur Ihnen gewidmet.

An die Fachleute nach der Geburt
Begleiten Sie als Hebamme, Stillberaterin, Therapeut, Heilpraktiker oder Gynäkologin Schwangere und Frauen nach der Geburt? Treffen Sie immer wieder auf Frauen, denen ihr Geburtserlebnis so »unter die Haut gegangen ist«, dass es ihnen »in den Gliedern steckt« und mit allerlei Symptomen nach Erlösung sucht?

Mit diesem Buch möchte ich Ihnen meine Erfahrungen zu diesem Thema weitergeben, die ich in Einzelstunden mit Beratung und Körperarbeit gesammelt habe.

An das geburtshilfliche Team
Sind Sie Hebamme oder Gynäkologe und arbeiten in der Geburtshilfe? Sind Sie oft überlastet von Ihrer verantwortungsvollen Tätigkeit? Finden Sie auch, dass die Begleitung einer Geburt die am höchsten bezahlte Tätigkeit in einem Staat sein müsste? Streben Sie trotz Ihrer Arbeitsbedingungen noch danach, Ihre Menschlichkeit im Umgang mit den gebärenden Frauen zu erhalten? Sitzt Ihnen auch nach einer schwierigen Geburt der Schreck noch tief in den Gliedern?

Sie werden vielleicht an einigen Stellen dieses Buches empört sein, dass ich so unsolidarisch mit meinen Kolleginnen bin! Sie werden denken, dass ich nicht alles für bare Münze nehmen sollte, was mir erzählt wird, und dass immer zwei dazu gehören, wenn ein Kontakt nicht gut gelingt. Außerdem müsste ich ja wohl wissen, wie es manchmal im Kreißsaal zugeht und was Sie zu leisten haben!

Lesen Sie am besten zuerst das Ihnen gewidmete Kapitel, so dass Sie beim Rest immer wieder tief durchatmen und Ihr Verständnis für die Gebärenden im Auge behalten können.

Mit diesem Buch möchte ich Ihre Bemühungen anerkennen und Ihre Achtsamkeit stärken.

1

Einleitung und Übersicht

Vom Traum zum Trauma

Wir leben heute in einer Zeit, in der das Erlebnis Geburt mit den unterschiedlichsten Erwartungen verknüpft wird. Da gibt es den Traum von der Erfüllung als Frau, die Ahnung eines sexuellen Höhepunktes oder gar das Erreichen einer unermesslichen spirituellen Erfahrung. Da gibt es aber auch das Versprechen einer schmerzlosen Geburt mit »Rückenspritze« oder den Wunschkaiserschnitt. Die Verwirklichung dieser verschiedenen Ideale können bei der Hausgeburt, im Geburtshaus oder in der Klinik gesucht werden und gehen sogar noch weiter ins Detail: vom Gebärhocker über die Wassergeburt bis hin zum »sanften Kaiserschnitt«. Mit der Teilnahme an entsprechenden Kursen während der Schwangerschaft beginnt dann eines Tages gut vorbereitet das Abenteuer.

In vielen Bereichen unseres Lebens sind eine sorgfältige Planung und eine gründliche Vorbereitung eine Garantie für erfolgreiches Gelingen. Wir haben reichlich Übung gesammelt, wenn es um Kontrolle bei der Lebensbewältigung geht. Am Tag der Geburt unseres Kindes betreten wir jedoch ein gänzlich unbekanntes Territorium, müssen im Verlauf immer mehr erlernte Kontrolle abgeben, denn in uns Frauen beginnt eine Urkraft zu wirken, die unsere Grenzen gewaltig erweitert und die der begleitenden Partner gleich mit. Alles ist unbekannt: in welcher persönlichen Situation die Geburt beginnt, die Kraft der Wehen, der Geburtsverlauf, meistens auch der Geburtsort und das begleitende geburtshilfliche Team! Welch eine Herausforderung!

So ist es nicht verwunderlich, dass es nach dem Höhenflug der vorgestellten Traumgeburt auch tiefe Stürze gibt, die als traumatische Geburtserlebnisse enden. Da aber das Neugeborene meist unmittelbar nach der Geburt zum nächsten Grenzen sprengenden Abenteuer einlädt, nämlich rund um die Uhr als Eltern gefordert zu sein, schieben wir oft die Verarbeitung des tiefen Sturzes beiseite, um die neuen Aufgaben bewältigen zu können.

Ein Schock in den Gliedern bindet aber viel Energie, die nicht fürs Weiterleben zur Verfügung steht, die sich so lange störend bemerkbar macht, bis wir diesen Schock verarbeitet haben.

Erfahrungen aus der Praxis

Nach 20 Jahren Arbeit als Hebamme – davon zehn Jahre in der Hausgeburtshilfe – und nach körpertherapeutischen Weiterbildungen berate ich jetzt seit 1997 Frauen in meiner Praxis, die mit besonderen Problemen hauptsächlich rund um Schwangerschaft und Geburt belastet sind. Seitdem kamen ca. 120 Frauen zu mir, die bei der Verarbeitung ihrer Geburtsgeschichte Unterstützung suchten. Etwa 100 Frauen brachten mir verzweifelt ihr Kind, weil es so viel schrie und kaum zu trösten war. Einige Male wurden auch beide, Mutter und Kind, von mir behandelt.

Einige kamen schon in der Wochenbettzeit, die meisten aber zu einem späteren Zeitpunkt innerhalb des ersten Lebensjahres ihres Kindes, einige wenige sogar erst Jahre nach der Geburt. Ihre Unbeschwertheit und ihre Lebensfreude waren seit der Entbindung nicht wieder zurückgekehrt. Aufgrund dieser drängenden Hilferufe beschäftigte ich mich immer mehr mit Traumaforschung und Traumatherapie. In dem Kapitel »Körpertherapie – Berührung der Seele« habe ich meine Erfahrungen bei der körpertherapeutischen Arbeit zusammengetragen. Ich möchte meine Erfahrungen mit diesem Buch weitergeben, damit die Folgen einer schwierigen Geburt ernst genommen und weiter erforscht werden.

Zur besseren Übersicht sei an dieser Stelle noch kurz die Kapitelfolge skizziert.

Das erste Kapitel beschäftigt sich mit dem Begriff »Trauma« und den Folgen eines traumatischen Erlebnisses allgemein. Auf diesem Wissen basieren alle weiteren auf die Geburt bezogenen Kapitel. Deshalb möchte ich Sie bitten, dieses erste Kapitel auf jeden Fall am Anfang zu lesen. Im Anschluss daran zeige ich auf, mit welchen belastenden Geburtserfahrungen Frauen zu mir in die Praxis gekommen sind und wie das Erlebte ihr weiteres Leben beeinflusst hat. Wann immer Sie sich darin wieder erkennen, werden Sie erleichtert sein, dass Sie mit Ihren Sorgen nicht allein auf der Welt sind. Wenn Sie sich bei der Lektüre anderer Schicksale in Ihrer momentanen Situation zu sehr belastet fühlen, blättern Sie einfach weiter, bis Sie wieder den Faden aufnehmen können, der für Sie hilfreich ist.

Der größte Teil des Buches widmet sich den Wegen zur Heilung, die Sie in Selbsthilfe oder mit fachkundiger Unterstützung beschreiten können. Dabei spreche ich zunächst gesondert Frauen an, die nach einer schwierigen Geburt erneut schwanger sind und ihre Ängste zu bewältigen haben.

Anschließend werden Sie auf der Suche nach Ihrem persönlichen Weg Schritt für Schritt durch die Vorbereitungen geleitet. So werden Sie die für Sie richtige Entscheidung fällen können, ob Sie Ihre Heilungsreise allein oder mit Hilfe von Fachleuten antreten wollen.

Es folgt die Vielfalt der Möglichkeiten, fachkundige Begleitung aufzusuchen. Die von mir angewandte Form der Körpertherapie schildere ich ausführlicher, da sie Quelle all meiner Erfahrungen ist.

Die Anleitungen für die Methoden der Selbsthilfe folgen im Anschluss daran. Dort finden Sie ein umfangreiches Angebot an Aufgaben zu Ihrer Wahl.

Wie können Sie als Eltern Ihrem Kind nach einer schwierigen Geburt Gutes tun? Sie können Mitgefühl entwickeln und ihm auch eigene Fähigkeiten zutrauen. Sie sollten auch für sich selbst sorgen, denn mit Ihrem Vorbild, Krisen zu meistern, geben sie dem Kind Halt und Sicherheit.

In dem Kapitel »Was nun, was tun fürs Kind?« sind die Ausführungen über die Folgen der Geburt, über auftretende Befindlichkeitsstörungen und über mögliche Behandlungsmethoden fürs Baby für Sie sicher von besonderer Bedeutung, wenn Sie ein Kind haben, das sehr häufig untröstlich weint.

Gibt es auch ein Geburtstrauma des Mannes? In dem gleichnamigen Kapitel stelle ich viele Fragen und hoffe auf einige Antworten.

Die den Hebammen und Geburtshelferinnen gewidmeten Kapitel »Traumatische Geburtsverläufe für Hebammen und Geburtshelfer?« und »Trauma im Beruf – Was tun, um sich zu helfen?« sind als »Unterstützung für die Unterstützer«[1] gedacht. Ich möchte Sie vorrangig als fühlendes, menschliches Wesen ansprechen und weniger als Professionelle.

Ihrem Bedürfnis nach qualifizierter Weiterbildung kann ich in meinen Fortbildungen und weiteren Veröffentlichungen[2] nachkommen, damit Sie bei Ihrer Arbeit unnötige Traumatisierungen unter der Geburt verhindern, bereits traumati-

Erfahrungen aus der Praxis 17

sierte Frauen angemessen begleiten und die Gefahr einer Retraumatisierung verringern können.

Letztlich möchte ich eine Hoffnungsträgerin bleiben und beschließe mein Buch mit der »Traumgeburt« – ihren verschiedenen Gesichtern und Konsequenzen.

Im Anhang folgen noch für Ihre weiterführende Beschäftigung umfangreiche Listen mit Adressen und Literaturvorschlägen.

Berufsbezeichnungen im gesamten Text werde ich unsystematisch mal in der weiblichen, mal in der männlichen Form verwenden.

Ich lade Sie nun ein, sich mit dem Thema näher zu befassen, und hoffe, dass Sie von den Einblicken in meine Arbeit profitieren können. Einige Beispiele sollen das Lesen für Sie praxisnah gestalten. Den dabei zu Wort kommenden Frauen habe ich aus Gründen des Personenschutzes andere Namen gegeben. Wenn Sie mit einem persönlichen Trauma beschwert sind, möchte ich Ihnen Mut machen, sich für Ihre allmähliche Heilung aktiv einzusetzen.

2

Was ist ein Trauma und welche Folgen kann es haben?

Definition

Das Wort »Trauma« kommt aus dem Griechischen und heißt »Wunde«. Es wird sowohl bei starken körperlichen Verletzungen als auch bei seelischen Erschütterungen benutzt.

Man spricht von einem psychischen Trauma, wenn jemand mit einem bedrohlichen Ereignis konfrontiert war, auf das er mit Entsetzen reagiert hat.

Die Folgen[1]

Als unmittelbare Reaktion auf so ein unfassbares Geschehen kann man bei den Betroffenen zunächst die Zeichen eines Schocks beobachten: Viele sind hellwach und spüren nichts mehr, andere sind desorientiert, wissen nicht mehr, was geschehen ist, atmen schnell, sind blass und zittrig. Diese Zustände können Stunden oder sogar Tage anhalten. Das Ereignis kann wie ein Film oder Bild immer wieder vor dem inneren Auge ablaufen, sodass auch der Schlaf gestört ist. Sie brauchen als erste Hilfe Beruhigung, einen stabilen Kreislauf, Schlaf und Menschen, mit denen sie sprechen können.

Nach ca. zwei Wochen klingt die körperliche Erregung ab, aber die Gedanken kreisen noch fast ausschließlich um den Vorfall. Im Wachzustand tauchen die erschreckenden Erinnerungsbilder auf. Die Menschen wirken depressiv oder schreckhaft und unkonzentriert. Im Gespräch suchen sie nach Verstehen und nach den Schuldigen. Ihre Gefühle schwanken, sie schlafen schlecht und schrecken aus Albträumen hoch. Allmählich, nach ca. vier Wochen, kehrt mehr Interesse am normalen Leben zurück. Das Ereignis nimmt natürlich noch viel Platz in den Gedanken ein und ist noch Hauptgesprächsthema, die beteiligten Gefühle sind aber nicht mehr von solch überschwemmender Intensität. Nach einem Vierteljahr ist zunehmend mehr Kraft vorhanden, das frühere Leben mit neuen Augen zu betrachten und für die kommende Zeit einen positiven Blickwinkel zu entwickeln.

Erklärungsmodelle

Es gibt verschiedene bildhafte Erklärungsmodelle, um den Zustand zu verstehen, in dem ein Mensch nach einem psychischen Trauma lebt.

Peter A. Levine schreibt in seinem Buch »Trauma Heilung« von einer »Bruchstelle in der Reizschwelle« und von der Entstehung eines »Traumawirbels«. Er benutzt als Bild für unsere Aufmerksamkeit einen Fluss, der in seinem Flussbett fließt. Durch ein Trauma wird die Uferbegrenzung (Reizschwelle) an einer Stelle zerbrochen und ein Teil des (Aufmerksamkeits-)Stromes wirbelt dort nach außen. Durch diesen Wirbel steht uns ein Teil unserer Aufmerksamkeit nicht zur gewohnten Verfügung, sondern wird zu diesem »Leck« abgezogen.

Wilhelm Reich[2] führt das Bild der Amöbe an, die sich rhythmisch zusammenzieht und ausdehnt. Wird sie mit elektrischen Reizen wiederholt irritiert, überwiegt bald der Zustand der Kontraktion, ein Abkugeln zum Kern hin, und es entstehen allgemeine Störungen ihres biologischen Gleichgewichts. Das gleiche Prinzip trifft auch auf den Menschen nach einem Trauma zu.

Reich beschreibt auch den harmonischen Rhythmus, der in allen lebendigen Prozessen beständig schwingt: Spannung – Ladung – Entladung – Entspannung. Bei einem Trauma wird der Lebens-Rhythmus jäh unterbrochen und braucht einen Schonraum, um sich wieder einzufinden.

Bei Berichten von Nahtod-Erlebnissen wird die Wahrnehmung wie eine Präsenz außerhalb des Körpers beschrieben. Während sich die Lebensenergie bei einem Trauma zum Zentrum hin bündelt, verlässt die Wahrnehmung den Körper und betrachtet alles überaus klar von außen. So erklärt sich, dass traumatisierte Menschen oft eine besondere Wachsamkeit haben für die Gefühle anderer und für alles, was um sie herum geschieht, den eigenen Körper aber kaum noch mit seinen Bedürfnissen wahrnehmen können.

Mir gefällt das Bild der kleinen Fühler einer Schnecke, die sich bei leichter Berührung nach innen ziehen, sich aber auch gleich wieder hinauswagen. Haben Sie auch als Kind ausprobiert, was passiert, wenn man die Fühler kräftiger oder immer wieder anstupst? Dann bleibt die Schnecke lange Zeit weit in ihr Haus hinein eingerollt. In diesem Zustand ist für die Schnecke nicht mehr viel möglich, aber sie ist geschützt vor weiterem Ärger.

In der Ausbildung zur Cranio-Sacral-Arbeit[3] wird der Vergleich mit elastischem Material herangezogen. Wird an einer Stelle ein Schaumstoffkissen länger eng zusammengedrückt, so kehrt es nicht sofort, sobald das »Trauma« vorbei ist, in seine

ursprüngliche Form zurück. Das Gewebe »weiß« zwar noch vom Zustand der vorher möglichen Ausdehnung, hält sich aber lieber im zusammengepressten Zustand, auch wenn kein Anlass mehr dafür besteht. Es verbleibt in diesem Zustand, damit es nicht noch einmal so unangenehm beengt wird.
Der Wunsch nach Erlösung aus dem traumatisierten Zustand steht neben der Angst vor einem erneuten Trauma. Dieser Konflikt zwischen angstvoller Spannung und sehnsüchtigem Drängen nach Erlösung tritt nach einem Trauma in Körper, Geist und Seele eines Menschen auf.
Der Mensch ist mit fantastischen Selbstheilungskräften ausgestattet – dem sehnsüchtigen Drängen nach Erlösung gleich –, wodurch sogar nach heftigsten Traumen nach einiger Zeit wieder Heilung entstehen kann. Auch wenn Körper und Seele im Laufe des Lebens Narben bekommen, ist ein weitgehend ungestörtes Weiterleben dennoch möglich.

Posttraumatische Belastungsstörung (PTBS)[4]

Gelingt die Bewältigung des Schreckens innerhalb einer gewissen Zeit aber nicht, so können als Folge verschiedene Anpassungsstörungen auftreten bis hin zu einer schweren Belastungsreaktion, der PTBS, die die Lebensqualität erheblich beeinträchtigt.

50 bis 80 % der Menschen schaffen nach einem Trauma die Verarbeitung ohne Hilfe nicht ausreichend.[5] Sie entwickeln innerhalb der ersten sechs Monate nach dem Ereignis eine so genannte »Belastungsstörung«, die eine weitere gesunde Bewältigung verhindert und den Menschen in seiner sozialen Leistungsfähigkeit stört.

Das Krankheitsbild ist nach dem Vietnamkrieg klar definiert und endlich ernst genommen worden: Bei etwa der Hälfte der amerikanischen Soldaten, die aus dem Krieg zurückgekehrt waren, hat man nach mehr als einem halben Jahr einander ähnliche Symptome beobachtet und dadurch die psychische Verarbeitung von traumatischen Erlebnissen mehr beachtet und erforscht. Dabei ist festgestellt worden, dass sowohl nach Naturkatastrophen und nach Unfällen als auch nach Missbrauchserlebnissen und anderen durch Menschen verursachten Gewalterfahrungen dieselben Störungen auftreten können.[6] Erst in jüngster Zeit werden auch die Geburt und ihre Folgen in diesem Zusammenhang gesehen.

Die Symptome eines noch nicht verarbeiteten Traumas sind Bewältigungsmechanismen. Es sind Strategien der Selbstheilungskräfte, die dem Menschen zunächst beim Überleben helfen und ihn vor der Gefahr der Wiederholung schützen. Sie haben aber auf die Dauer eine Minderung der Lebensqualität zur Folge, wie beim Bild der Schnecke, die zwar geschützt in ihrem Haus ist, aber nicht mehr ihren lebendigen Impulsen zu folgen wagt.

Die Symptome der PTBS

Es werden folgende Symptome beschrieben:

Übererregung
Körper, Geist und Seele leben in einem ständigen Alarmzustand, der Schreckhaftigkeit, Konzentrationsstörungen, Schlafstörungen oder Ängste mit Schweißausbrüchen und unkontrollierbarem Zittern zur Folge haben kann.

Die Symptome der PTBS 23

Albträume

Nachts erschrecken furchtbare Bilder im Traum, am Tage tauchen unverhofft Panik auslösende Erinnerungsbilder auf, sobald eine Situation in irgendeinem Aspekt eine Verbindung mit dem schrecklichen Ereignis hat.
Solche Situationen, die an das Ereignis erinnern könnten, werden – wenn irgend möglich – vermieden. Dadurch schränkt sich der Lebensraum zum Teil erheblich ein.

Innere Starre

Das Erlebte war zu bedrohlich, um es zu ertragen. So verbannt das Bewusstsein die Erinnerung ins Unbewusste und hilft dadurch anscheinend beim »Vergessen«.

Oder die Verletzung wird wie aus der Ferne betrachtet und die dabei erlebten Gefühle werden eingefroren, sodass der Schmerz nicht mehr empfunden werden muss. Dabei entstehen eine allgemeine Gefühllosigkeit und eine Gleichgültigkeit den Mitmenschen gegenüber, die zur Isolierung führen können. Die Zukunft erscheint unbedeutsam, es werden keine Pläne mehr geschmiedet.

Zusätzliche Erkrankungen

Es können so genannte »psychosomatische« Beschwerden wie Depressionen, Essstörungen oder Alkohol-, Drogen- und Medikamentenabhängigkeit entstehen.

Wenn wir uns das Bild der Schnecke vorstellen als Symbol für das Zusammenziehen der Lebensenergie, so sind oben beschriebene Symptome Hilferufe. Der Mensch erinnert sich an seinen früheren Zustand, bei dem Sich-Ausdehnen und Nach-innen-Gehen einander angenehm abwechselten. Er hat Sehnsucht danach, aber noch zu viel Angst. Das Gefühl der Sicherheit auf der Welt und das Vertrauen in andere Menschen und in den eigenen Körper sind noch nicht wieder gewachsen.

Das Ausmaß und die Stärke der Beeinträchtigungen sind abhängig von den Umständen, unter denen das Ereignis stattfand: Was hat der oder die Betroffene bisher im Leben erlebt? In welcher Lebenssituation befand sich der oder die Betroffene? Wie groß waren Hilflosigkeit und Ohnmacht dabei? Handelt es sich um ein von Menschen verursachtes Trauma oder ein Naturereignis? In welchem Verhältnis stand das Opfer zum Täter? Wie hoch war das Maß der angedrohten oder angewendeten Gewalt, wie lange dauerte das Trauma?

Hinweis

Im Allgemeinen kann man sagen, dass ein einmaliges und nicht von Menschen verursachtes Trauma leichter selbst bewältigt wird, als ein länger dauerndes, wiederholtes oder von Menschen zugefügtes Trauma.

➤ Und wie geht's weiter im Buch?

Vor dem Hintergrund dieses allgemeinen Wissens zu psychischen Traumen und ihren Folgen möchte ich im nächsten Kapitel verdeutlichen, was während einer Geburt traumatisch erlebt werden kann.

> Eine Agonie ist auch ein Lebensvorgang,
> nicht weniger als eine Geburt,
> und oft kann man beides verwechseln.
>
> H. Hesse

3

Was kann zu einem traumatischen Geburtserlebnis führen?

Ein Traum ist zerbrochen. Der Schrecken sitzt tief. Die Gefühle waren zu überwältigend, um sie zu ertragen. Die innere Verzweiflung kommt nur in kleinen Portionen ans Tageslicht. Es gibt nur wenige Menschen, wenn überhaupt einen, der weiß oder versteht, wie es in Ihrem Inneren aussieht! Sie sind wie gelähmt von dem Schock und können gar nicht zuversichtlich nach vorn sehen – wohin denn auch? Gibt es überhaupt einen Weg heraus? Es ist doch nicht ungeschehen zu machen!

Da ist Leere, dann wieder Tränen, die nicht enden wollen, da nagt ein immer wiederkehrendes Warum, Schuldgefühle, Scham und Verzweiflung. Ihr Körper fühlt sich fremd, beschmutzt, verletzt, stumpf an, auch wenn schon alle sichtbaren Wunden verheilt sind – so als wären Sie nicht ganz in ihm zu Hause.

Der Ort des Traumas war Ihr Frau-Sein, Ihr Unterleib, Ihre weibliche Kraft, mit der Sie Leben geben können.

Andere Frauen fühlen nach ihrer Geburt ähnlich wie Sie, aber ganz verschiedene Erlebnisse können dahinter stehen.

Ein Schicksalsschlag

Der Tod des Kindes

Ob noch im Mutterleib oder auch kurz nach seiner Geburt, der Tod eines Kindes ist ein unvorstellbar großer Schmerz. Weiterzuleben ist schon eine nicht enden wollende Leistung.

Gefühle wie Leere, Trauer, Wut, Sinnlosigkeit, Lähmung, Verzweiflung tauchen auf.[1] Trotz allem kann es sein, dass das direkte Geburtserlebnis kostbar in Erinnerung geblieben ist. Dazu hat dann eine liebevolle Umgebung und Begleitung von Menschen beigetragen, die Sie an die Hand nehmen konnten, die auf Ihre Bedürfnisse eingegangen sind, die Mitgefühl hatten, Menschen, die respektvoll sowohl mit dem Leben wie auch mit dem Tod umgegangen sind.

Das Gleiche trifft zu, wenn eine oder mehrere Fehlgeburten zu verarbeiten sind. Vielleicht muss sogar die Entscheidung fallen für ein Leben ohne Kinder, gerade für Sie vielleicht eine unfassbare Vorstellung voller Schmerz!

Das Heilen der Wunde[2] eines so großen Verlustes dauert und kann das Leben völlig umkrempeln. Es gibt Frauen, die einen ganz neuen Weg einschlagen. Für viele ändert sich drastisch der Freundeskreis, alle bisherigen Werte und Lebensziele werden hinterfragt.

Auf einer Wiese im Ohlsdorfer Friedhof in Hamburg steht eine Statue als Gedenkplatz »für die ganz Kleinen«, die nicht beerdigt wurden. Susanne Schniering[3] hat ihn eingerichtet in der Trauerzeit um ihr verlorenes Töchterchen, Sunna Maria. Sie hat mich teilhaben lassen an ihren umwälzenden Lebensveränderungen.

Ein behindertes Kind

Wenn ein Kind mit einer Behinderung geboren wird, so muss nicht unbedingt die Geburt das Trauma sein, sondern viel öfter ist es der Moment, als die Behinderung festgestellt wurde. Die Mitteilung einer vorliegenden Behinderung erfolgt aufgrund der Möglichkeiten der Pränatal-Diagnostik häufig schon in der Schwangerschaft. Mit dem Kind noch im Leib, eben noch »guter Hoffnung«, müssen Entscheidungen gefällt werden, die eigentlich viel Zeit brauchen, um in ihrer Tragweite erkannt zu werden.[4] Die Wahl der Geburtsmethode, ja sogar die Entscheidung für oder gegen das Leben ihres Kindes überrollt daher viel zu oft die Frauen, wenn sie noch von der Nachricht der kindlichen Fehlentwicklung völlig erstarrt sind.

Wird eine Behinderung erst nach der Geburt festgestellt, so ist für das Erleben oder Verhindern eines Traumas wieder entscheidend, ob für Sie erst eine Zeit der liebevollen Begrüßung möglich war, in der Sie als Mutter Ihr Kind ins Herz schließen konnten, und wie Sie über die Art der Behinderung aufgeklärt wurden.

Komplikationen und Eingriffe

Als ich nach meinem Körpertherapie-Training anfing, einen Schwerpunkt meiner Arbeit auf die Beratung von Frauen nach traumatischen Geburten zu legen, habe ich erwartet, dass die meisten meiner Klientinnen mit Tod, Behinderung oder heftigen medizinischen Komplikationen und Eingriffen zu tun haben würden.

Komplikationen wie
- eine endlos lange, schwierige Entbindung
- Schmerzen, Kontrollverlust, überrollt von der »Gewalt des Gebärens«[5]

Was kann zu einem traumatischen Geburtserlebnis führen?

- lebensbedrohliche Blutungen und andere Zwischenfälle, die die Mutter betreffen
- schlechte Herztöne des Kindes, Sauerstoffmangel
- Trennung von Mutter und Kind
- Tod

Medizinische Eingriffe

- (Not-)Kaiserschnitt
- PDA (Rückenspritze) mit und ohne Zwischenfälle
- plötzliche Vollnarkose für einen Kaiserschnitt oder als »Durchtrittsrausch« z.B. beim Anlegen der geburtshilflichen Zange
- Zangen- oder Saugglockengeburt
- ein unachtsam ausgeführter »Kristeller«-Handgriff, bei dem in der Austreibungsphase der Arzt oder die Ärztin auf den Bauch der Frau drückt, um das Herausschieben des Kindes zu beschleunigen
- ein (vorzeitiger) Dammschnitt
- eine Operation, bei der z.B. die Gebärmutter entfernt wurde

Solche Geburtserlebnisse führen die meisten Frauen auf die Suche nach Unterstützung, um das Erlebte zu verkraften. Sie wissen, dass medizinische Eingriffe nötig und wertvoll sind, um Leben zu retten. Andererseits geht damit oft einher, dass sie zum ohnmächtigen Opfer wurden, ohne Kontrolle, ohne die Möglichkeit sich zu wehren. Dann müssen sie aus der Starre so bald wie möglich wieder erlöst werden und das Sich-Wehren oder Weglaufen »nachholen«! Peter Levine[6] beschreibt dieses Verhalten bei Tieren: Bei einem lebensbedrohlichen Angriff, der nicht durch Flucht zu meistern ist, fallen Tiere in eine Starre. Sobald aber der Angreifer außer Reichweite ist, beginnt der ganze Körper des Tieres zu zittern und sich zu schütteln, als renne es im Traum, bevor es sich aus dem Staube macht!

Die Art der Begleitung

Unerwartet viele Frauen sprechen und weinen aber nicht nur über das, was ihnen passiert ist, sondern über die Art, wie sie begleitet wurden! Dass der menschliche Umgang auch gravierende, langfristige Störungen hinterlassen kann, wurde mir erst bei der Beschäftigung mit den Forschungsergebnissen verständlicher.

In der folgenden Tabelle setze ich einmal einige Erkenntnisse der Traumaforschung den als traumatisch erlebten Situationen während einer Geburt gegenüber, um herauszustellen, womit das Ausmaß und die Stärke einer Beeinträchtigung zusammenhängen können.

Traumaforschung	Geburtstrauma
Ein einmaliges und nicht von Menschen verursachtes Trauma kann leichter bewältigt werden ...	z.B. geburtshilflicher lebensbedrohlicher Zwischenfall
.. als ein länger dauerndes ...	z.B. lange dauernder Geburtsverlauf mit ständigen Risiken und latenter Bedrohung
... ein wiederholtes ...	z.B. nach früheren traumatisierenden Erfahrungen oder vorangegangenen traumatischen Geburten
... ein mit einem hohem Maß an Hilflosigkeit und Ohnmacht einhergehendes ...	z.B. bei überwältigenden Schmerzen, geburtshilflicher Notsituation, ohne Möglichkeit der freien Bewegung und der Mitbestimmung

Traumaforschung	Geburtstrauma
... oder ein von Menschen zugefügtes Trauma. a) Abhängig vom Maß der angedrohten oder angewendeten Gewalt und	z.B. Eingriffe, schlechte Betreuung a) *z.B. entmündigender oder seelisch erniedrigender Umgang, unachtsam durchgeführte, als Übergriff erlebte Eingriffe*
b) in welchem Verhältnis das Opfer zum Täter stand.	b) *Eine Gebärende ist im Zustand großer Offenheit, von einem meist wildfremden Team abhängig und besonders verletzlich.*

So konnte ich besser verstehen, mit welchem Anliegen die Frauen zu mir kamen: Nicht allein der Verlauf oder die Schwere des Schicksalsschlags ist ausschlaggebend für das Maß der Belastung und die Möglichkeit der Verarbeitung, sondern auch die Betreuung.

Die Betreuung

Ich finde es aufgrund der Geburtsberichte, die ich immer wieder höre, erschreckend, zu erkennen, welche Macht wir Hebammen und die Geburtshelfer haben! Wie eingraviert bleiben Sätze und Szenen in der Erinnerung, ein Frauenleben lang! Welche Achtsamkeit ist von uns nötig bei so einem herausragenden Lebensereignis für die Menschen, die sich uns anvertrauen!

Allein gelassen

Es ist ein großer Unterschied, ob Sie weite Strecken Ihrer Geburtsarbeit auf sich gestellt waren, eine intime Atmosphäre entstehen konnte, Sie ungestört waren und zu jedem erwünschten

Zeitpunkt Unterstützung erhalten konnten, oder ob Sie sich allein gelassen gefühlt haben.

Intimität und so wenig Störungen wie möglich sind sogar förderlich für eine »traumhafte« Geburt.[7] So eine Atmosphäre ist aber nicht selbstverständlich einfach da, wenn Sie als gebärende Frau allein in einem Raum sind und die Hebamme, die zu Ihrer Unterstützung vorgesehen ist, sich in einem anderen Zimmer aufhält. Sie müssen sich erst einmal im Raum orientieren, wenn er unbekannt ist, wissen, wo und wie Sie dort für Ihre grundlegendsten Bedürfnisse selbst Sorge tragen können (Toilette, Bad, Trinken, Lagern, Wärme ...). Sie müssen wissen, was außerhalb des Raumes in der näheren Umgebung passiert und wie Sie bei Bedarf Unterstützung erhalten können (Klingelknopf, Hebammenzimmer ...). Dafür ist die Hebamme zuständig, wie eine gute Gastgeberin, die sich wünscht, dass Sie sich ganz »zu Hause« fühlen. Sie haben schon genug damit zu tun, dass Sie sich mit den Wehen, den Vorgängen in Ihrem Körper und für Ihr Baby im Bauch sicher genug fühlen.

Das Wort »Angst« ist mit dem Wort »Enge« verwandt. Das Öffnen des Muttermundes während der Wehen, die Hingabe an den Geburtsprozess haben mit Weitwerden und Offenheit zu tun – das Gegenteil von Enge.

Bei den folgenden Aussagen erkennen Sie sich vielleicht wieder und wissen, dass für eine sichere Atmosphäre dort etwas grundsätzlich hinderlich war:

»Ich fühlte mich wie abgestellt und wagte nicht, mich zu melden und zu stören.« – *»Die Schmerzen der Wehen wurden so übermächtig, allein in diesem Raum, und wuchsen zu einer ohnmächtigen Panik an.«* – *»Ich hatte Angst und fühlte mich von aller Welt verlassen.«* – *»Sie hatten auch noch meinen Mann weggeschickt, aber sobald ich ganz allein war, wurden die Wehen unerträglich. Ich dachte, ich kann mich doch nicht gleich schon wieder melden!«*

– »*Mein Mann war zwar an meiner Seite. Er schlief aber vor lauter Hilflosigkeit und Überforderung ständig im Sitzen ein. Ich war so elendiglich allein mit all diesen Gefühlen und hätte mir eine Frau an die Seite gewünscht, die Bescheid weiß und mich ermutigt.*«[8]

Vielleicht werden manche Leserinnen auch denken: »Die Sorgen möchte ich mal haben, wir sind doch erwachsen, wir können doch für uns sorgen!« Waren Sie selbst noch nie vor Angst wie gelähmt?

Ein einziges Paar aus meiner langjährigen Arbeit als Hebamme hat es mal geschafft: »*Wir merkten schon bald, dass der Kreißsaal hoffnungslos überfüllt war und wir für unser Bedürfnis viel zu lang allein zurechtkommen mussten. Ich weiß kaum noch, wie wir es geschafft haben, trotz der Angst und der häufigen Wehen in ein anderes Krankenhaus umzuziehen.*«

Dieses Paar berichtete nicht davon, ein traumatisches Erlebnis gehabt zu haben, weil es ihm irgendwie noch gelungen ist und es zu dem Zeitpunkt der Geburt noch möglich war, zu »fliehen«.

Menschlich unachtsame Begleitung

Wenn Frauen in meiner Praxis sitzen und auch nach Jahren noch weinen müssen, während sie mir erzählen, wie sie während der Wehen behandelt wurden, so berührt mich das sehr. Die Geburtsverläufe können dabei entweder völlig »normal«, das Kind gesund und medizinisch »alles unauffällig« gewesen sein oder es gab zusätzliche geburtshilfliche Schwierigkeiten zu meistern. Aber die Tränen fließen nicht über die Schwierigkeiten, sondern über die Dinge, die gesagt wurden, und darüber, wie mit ihnen umgesprungen wurde.

Im Gegensatz dazu kann sogar ein Notkaiserschnitt menschlich achtsam begleitet als Geburtserlebnis gut verarbeitet werden.

Die menschlich unachtsam behandelten Frauen sind hingegen zutiefst beschämt, fühlen sich entwürdigt und behalten das Gefühl zurück, versagt zu haben. Es ist schon ein schlimmer Zustand, so aus einer Prüfung herauszukommen, für die man viel gelernt hatte. Aber beim Gebären eines Kindes geht das Gesagte aufgrund der weiten körperlich-seelischen Öffnung, die dabei geschieht, viel mehr unter die Haut.

Bewusst möchte ich an dieser Stelle nichts zitieren, denn oft »macht der Ton die Musik« und ich müsste die Sätze immer auch noch in die Gesamtgeschichte einbetten. Wenn Sie schlecht betreut wurden, so wissen Sie, was ich meine.[9]

Die Vorgeschichte

Die gegenwärtige Lebenssituation

Welche Frau das Geburtserlebnis zu verarbeiten hat, spielt auch eine große Rolle beim Entstehen eines Traumas. Verständlich ist, dass die gegenwärtige Lebenssituation mit hineinspielt. Eine sorglose, glückliche, gesunde Frau hat einen anderen Schutzmantel für ihr großes Abenteuer als eine Frau mit einer instabilen Partnerschaft, ohne Unterstützung von Freunden und Verwandten, mit angeknackstem Gesundheitszustand oder anderen Sorgen.

Traumatisierende Vorerfahrungen

Aber auch unsere Vorgeschichte tragen wir mit uns herum und ergreifen unsere Herausforderungen immer aufs Neue auf dieser mehr oder weniger tragenden Basis. Unglaublich groß ist die Anzahl der Frauen, die in ihrem Leben vor der Geburt eines Kindes Vergewaltigung oder sexuelle Nötigung erlebt haben.[10] Sie mussten zum Teil schon ganz früh erfahren, dass ihnen Schmerz und Gewalt an einer ganz besonders zarten Körperstelle zugefügt wurde, die ihnen eigentlich Lust bereiten kann.

Bei der Geburt verlangt der biologische Vorgang gerade dort Öffnen, Vertrauen und Hingabe. Die Angst vor Schmerzen und Missbrauch sitzt aber so tief, dass oft die alten Gefühle und Erinnerungen wieder belebt werden. Einer Studie[11] nach haben 15 % der Frauen mit Missbrauchserlebnissen komplizierte Schwangerschafts- und Geburtsverläufe (normalerweise sind es 8 %). Und hierbei sind nur medizinische Komplikationen, nicht das persönliche Erleben der Frauen in die Erhebungen eingegangen!

Folgen von Gewalterfahrungen
Sie selbst haben auch schon die körperliche Reaktion auf einen großen Schreck oder Schmerz erlebt: Wie automatisch atmen Sie heftig ein, halten die Luft an, das »Blut gefriert Ihnen in den Adern«, der Adrenalinstoß lässt Ihre Beine zittrig werden, Ihre Augen sind weit aufgerissen, Sie erstarren. Auch wenn der Schrecken vorbei ist, sind Sie später in Hab-acht-Stellung, sobald Sie z.B. dieselbe Stelle im Verkehr, in Ihrem Haus oder wo immer es geschehen ist passieren. Ihr Nervensystem lernt schnell, wenn der Anlass heftig ist![12] Stellen Sie sich nun diese Körperreaktion als wiederkehrende Erfahrung vor, vielleicht sogar als Lebenshaltung. Die körperlichen Strukturen passen sich solchen Erfahrungen an und wappnen damit den Menschen. Wilhelm Reich[13] nannte diese Vorgänge Panzerung. Sie dienen zunächst dem Schutz, behindern aber auf die Dauer das körperlich-seelische Wohlgefühl und ein gesundes Funktionieren, weil die Lebensenergie in einem gepanzerten Körper nicht mehr frei strömen und pulsieren kann.

Missbrauch ist ein von Menschen (oft auch noch von sehr vertrauten und meist weit älteren als das Opfer) zugefügtes Trauma, häufig vielfach wiederholt, die Ohnmacht der Opfer und die Gewaltandrohung der Täter groß, sodass gesundheitliche Folgen spürbar sind.

Andere lang anhaltende Gewalterfahrungen, ja selbst latente Bedrohungen, die nie wirklich zu einer Gewalttat wurden, können auch starke Spuren hinterlassen.

Konsequenzen für die Geburt
Es ist also eine ganz normale Reaktion, wenn Sie solches überlebt haben und nun schon beim Gedanken an die Geburt große Angst haben; oder wenn Sie beim Gebären völlig außer sich geraten sind oder vor Panik nicht mehr bei sich waren, nicht um Hilfe bitten konnten und hoch verletzbar waren.

Vielleicht haben Sie vorher nicht geahnt, dass Sie so reagieren könnten, oder vielleicht sogar gehofft, durch die Geburt wieder ein Stück mehr zu heilen!

Und wie geht's weiter im Buch?

Nun ist deutlich geworden, wie viele Faktoren an einem erschreckenden Geburtsverlauf beteiligt sein können.

Und wie hat sich seit dem belastenden Erlebnis der Geburt Ihr Leben verändert? Im nächsten Kapitel finden Sie Äußerungen der Frauen aus meiner Praxis über ihr Lebensgefühl und Ihre Schwierigkeiten.

4

Welche Folgen hat ein Geburtstrauma für die Frau?

Allen Frauen ist eine tief sitzende Angst gemeinsam, nachdem sie durch die Geburt ihres Kindes so schwer erschüttert sind. Wieder sind die Auswirkungen verschieden, wie sich dieses grundlegend verunsichernde Gefühl äußert.

»Nie wieder!«

Sie hatten sich eine Familie mit mehreren Kindern gewünscht. Nachdem Sie Ihr Kind geboren hatten, dachten Sie sofort: »*Nie wieder!*« – So etwas Schreckliches wollen Sie NIE wieder erleben! Einige Frauen haben wie Sie gedacht und dann später doch noch ... – »*Ja, ja! Das kann ich schon nicht mehr hören! ICH NICHT!*«, werden Sie sagen. Ja, und es gibt tatsächlich viele Frauen, die diese Entscheidung ihr Leben lang aufrechterhalten.

Dass Sie sich gleich nach dem traumatischen Ereignis mit dieser Haltung schützten, ist eine gesunde Reaktion. So ein »Beschluss« kann jedoch mehr für Ihr Leben bedeuten als nur, dass tatsächlich vielleicht einige Kinder, die erwünscht gewesen wären, in Ihrer Familie nicht aufwachsen würden und Ihr Kind ein Einzelkind bliebe. Wie wird von dem »*Nie wieder!«* Ihre Sexualität beeinflusst sein, Ihre Liebesbeziehung zu Ihrem Mann? Welche Haltung nehmen Sie damit Ihrem eigenen Körper gegenüber ein, Ihrer Weiblichkeit, Ihrer Fruchtbarkeit? Was tun Sie mit Ihren Lebensträumen?

Wenn Sie nach einiger Zeit, auch nach Jahren noch merken, dass diese Haltung Ihre Lebensfreude bremst, sogar Einfluss auf ganz andere Bereiche in Ihrem Leben nimmt, dann ist es immer noch nicht zu spät, Ihre Geburtsgeschichte genauer unter die Lupe zu nehmen. Damit eine verletzende Erfahrung nicht zu chronischen Beschwerden führt, ist es besser, sie so früh zu verarbeiten, wie es Ihnen möglich ist.

»Nie wieder?«

Auch sie haben von einer großen Familie geträumt:

»Ja, von einem Haus voller Kinderlachen! Ich lebe zwar und auch mein Sohn lebt und ist gesund. Aber ich kann es nicht fassen: Ich werde nie wieder gebären können, sie mussten meine Gebärmutter entfernen!«

»Jetzt steh ich da an ihrem kleinen Grab und werde nie mehr meine kleine Tochter berühren können. Ob ich noch einmal Hoffnung auf ein zweites Kind entwickeln werde? Es erscheint mir ganz unmöglich.«

»Schon wieder eine Fehlgeburt! Soll es nicht sein, dass wir ein Kind bekommen? Was ist falsch an mir? Darf ich niemals Mutter werden?«[1]

»Unsere Tochter ist behindert. Sie sagen, es ist eine Erbkrankheit und die Möglichkeit, noch »so ein« Kind zu bekommen, sei sehr groß. Das Leben mit ihr fordert von uns viel Kraft. Werd ich noch einmal den Mut haben, auf ein gesundes Kind zu hoffen?«

»Als der Arzt sagte: › Ihr Gesundheitszustand erlaubt es nicht,

noch einmal schwanger zu werden!‹, erschien mir dies wie ein Todesurteil!«

Es ist schwer, damit zu leben, wenn der sehnlichste Wunsch nach Kindern erschüttert wird. Das Bild von Ihrer Familie, das Sie im Herzen tragen, vielleicht schon seit Sie ein Mädchen waren, soll nicht Wirklichkeit werden? Erst einmal werden Sie trauern, mit dem Schicksal hadern, Abschied nehmen und ein fast unstillbares Bedürfnis nach Trost haben oder nach jemandem, den Sie beschimpfen können, den Sie dafür verantwortlich machen können! Alle Gefühle brauchen ihre Zeit, bis am Horizont die Möglichkeit auftaucht, neue Werte und Ziele in Ihrem Leben zu finden.

Hürde beim Bonding[2]

Das Knüpfen des Liebesbandes mit dem Kind gelingt nicht wie erhofft:

»Ich hab so ein schlechtes Gewissen dem Kleinen gegenüber. Ich kann ihn einfach nicht so lieben wie meine Große. Ich weiß doch, dass er das merkt, und geb mir schon alle Mühe, aber innen gruselt es mich vor mir selber!«

»Sie liegt hier so süß und vertrauensselig in meinen Armen, aber ich bin wie gefangen in mir selbst und kann mich gar nicht richtig an ihr freuen.«

»Wenn er doch nur mal eine Pause machen würde – ich trag ihn den ganzen Tag herum und er schreit und nörgelt auch dabei oft noch. Es ist zum Aus-der-Haut-Fahren. Am liebsten würde ich auch nur noch schreien und weinen! Oder für immer weglaufen!«

»Mein Schatz war so lange in der Kinderklinik und ich konnte nicht gleich zu ihm. Ich würde so gern alles wieder gut machen, was mein Kleines gleich zur Begrüßung auf der Welt erfahren

musste, aber wir finden doch irgendwie nicht richtig zueinander. Ich bin ganz verzweifelt!«
»Manchmal denke ich, sie ist vielleicht gar nicht meine Tochter. Durch die Narkose fehlt mir einfach ein Stück unserer Verbindung. Vielleicht haben sie sie ja vertauscht? Ich müsste doch Gefühle zu einem eigenen Kind haben, sie ist mir aber so schrecklich fremd.«

Wenn der Schrecken des Geburtserlebnisses Sie noch so in seinem Bann hält, Sie so weit in Ihr »Schneckenhaus« verkrochen sind, wie sollen Sie sich da liebevoll ausdehnen und ganz Ihrem Baby widmen? Da muss erst einmal schnell jemand für *Sie* da sein mit mütterlicher Sorgfalt, Sie wertschätzen und Ihnen das Vertrauen zurückgeben, dass Sie willkommen auf der Welt sind und dass Sie Unterstützung bekommen, wenn Sie Unterstützung brauchen!

Stillprobleme

Natürlich haben nicht alle Stillprobleme mit einer schrecklichen Geburtserfahrung zu tun und auch nicht alle traumatisierten Frauen haben Mühe beim Stillen.[3] Wenn Sie beim Nähren Ihres Kindes Hürden zu überwinden haben, dann schauen Sie sich einmal das ganze »Mosaikbild« Ihrer Lebensumstände an.

Was belastet Ihre Seele? Was trägt zum Stau des Energieflusses bei? Was hält die Brust davon ab, zu fließen? Was schmerzt noch so, dass Sie noch nicht weiter zur nächsten Aufgabe übergehen können? Seele und Körper sind eins, die Antworten liegen vielleicht auf der Hand. Sie wissen, was Sie tief im Herzen getroffen hat – fragen Sie Ihren Körper! Dort liegen möglicherweise die Antworten!

Tränen im Wochenbett

»Das Tal der Tränen«[4] ist eine ganz häufige Reaktion in der ersten Woche nach der Geburt. Die Hormone tragen dazu bei und es gibt so viel Neues, so viel zu verarbeiten, seit Sie zur Mutter geworden sind! Aber auch diese erklärbare Traurigkeit kann sich als größere Störung entpuppen und länger dauern.

Wieder können Sie wie Mosaiksteinchen alle Umstände betrachten, die das gesamte Bild Ihres derzeitigen Lebens ergeben, um die Schatten besser erkennen zu können, die zu Ihrem depressiven Lebensgefühl beitragen. Ein Steinchen davon kann auch ein erschreckendes Geburtserlebnis gewesen sein. Sie brauchen Hilfe und müssen nicht alles mit sich selbst abmachen.

Vielleicht kreisen Ihre Gedanken immer wieder um Ihre Geburtsgeschichte, weil es da Lücken gibt, die Sie bis heute nicht verstanden haben.

»Was ist passiert?« – »Warum durfte ich bloß nicht mehr aufstehen?« – »Wieso konnte ich nicht richtig pressen?« – »Ob ich mich furchtbar dumm angestellt habe?« – »Ich schäme mich so, dass ich so rumgeschrien habe!« – »Hätte ich verhindern können, dass Marlieschen in die Kinderklinik kam?« – »Ich bin wohl eine komplette Versagerin. Andere können doch auch Kinder kriegen ohne so ein Tamtam!«

Innere Selbstgespräche binden viel Energie. Einmal alles Nagende aussprechen zu dürfen, auch das, wofür Sie sich unsagbar schämen oder schuldig fühlen, kann schon einen großen Schritt weiterführen. Die Einzelheiten des Geburtsablaufs kann Ihnen eine Hebamme verständlich machen. Anhand des Geburtsberichtes, den Ihre Hebamme während der Geburt erstellt hat, und Ihrer eigenen Erinnerungen kann dadurch vielleicht einiges zurechtgerückt werden, was Sie als eigenes Versagen verbucht haben.

Wochenbettdepression[5]

Taucht eine Depression im Wochenbett auf, so gesellt sich zur Traurigkeit noch Schlaflosigkeit dazu, sodass die Erschöpfung immer größer wird und der Zustand immer »unheimlicher«. Das ist eine Erkrankung, die in ärztliche Hände gehört. Allein oder mithilfe von liebevoller Zuwendung von Freunden ist es kaum möglich, den belastenden Zustand zu verändern.

Mit einer Wochenbett-Psychose[6], bei der die Wahrnehmung der Realität extrem verschoben ist, braucht die Mutter psychiatrische Betreuung und Schutz für sich und ihr Kind.

Einfluss auf die Sexualität

Der Körperbereich, in dem Ihre Sexualität zu Hause ist, ist abgrundtief verletzt und erschrocken. Nie wieder soll Ihnen da jemand so wehtun!

Wenn ich Frauen im Wochenbett fragte, ob sie sich ihre Dammnaht schon einmal angesehen hätten, – Sie werden es kaum glauben, aber: – fast keine hatte es getan! Was für ein Leben im Körper, wenn ich nicht mal wage, dahin zu gucken, wo ich Schmerzen habe und wieder heilen möchte! Auch ein taubes Gefühl des Bauches über der Kaiserschnitt-Narbe führt bei vielen dazu, dass sie Berührung dort extrem unangenehm finden und sie folglich ganz vermeiden. Jedes Kind kommt angelaufen, wenn es sich wehgetan hat, damit jemand sieht, was geschehen ist, auf die Wunde pustet und es tröstet. Es weiß, dass Wunden durch Liebe und Sorgfalt besser heilen!

Die »innere Kündigung«

Ob nach einem Kaiserschnitt oder nach einer Verletzung am Damm: Die körperlichen Wunden sind schnell geheilt. Wenn aber das Gefühl, »dort unten« nicht mehr zu Hause zu sein, »wie in zwei Teile getrennt« zu sein, übrig bleibt, so hat wohl die Meldezentrale oben dem Unterleib gekündigt: »Du hast deine Arbeit nicht richtig erfüllt, wir wollen nichts mehr mit dir zu tun haben.« Die Energie so einer »inneren Kündigung« kann sich durch Beckenboden-Probleme[7] (Blasenschwäche oder gar Stuhl-Inkontinenz) und Störungen im Liebesleben[8] bemerkbar machen.

Vielleicht kommen Sie sich albern vor, aber sprechen Sie mal mit den Bereichen, denen Sie nach der Geburt oder sogar schon viel früher in Ihrem Leben eine Kündigung auf den Tisch geknallt haben. Die sind nämlich immer noch da, sitzen verschreckt in der Ecke oder schmollen: »Wir können doch gar nichts dafür, was passiert ist!«, oder haben sich entschieden: »Der zeig ich's!« Manchmal braucht man für solche Konfliktgespräche eine Vermittlung, aber Sie können es auch einfach einmal allein ausprobieren.

Posttraumatische Belastungsstörung

Eine PTBS ist »eine normale Reaktion auf ein unnormales Ereignis«. Waren Sie überrollt von der Gewalt der Schmerzen? Fühlten Sie sich wie vergewaltigt? Hatten Sie einen Notkaiserschnitt? Empfanden Sie Todesangst um sich selbst oder um Ihr Kind? Fühlte es sich an, als wäre Ihnen das Kind eher entrissen worden, als dass Sie es geboren hätten?

»Ich kann nicht mehr schlafen und stehe wie unter Strom. Jeder etwas ungewöhnliche Mucks meines Babys lässt mich gleich in schlimmste Fantasien abgleiten, was es alles Schlimmes haben könnte. Diese Panik ist nicht zu beherrschen, auch wenn ich gleichzeitig weiß, dass es sicher übertrieben ist!«

»Ich stehe völlig neben mir und erlebe die ganze Welt um mich wie aus weiter Ferne, als ob mich alles gar nichts angeht. Fühle nichts, weder Freude noch sonst was, tu einfach nur, was von mir verlangt wird.«

»Es ist, als ob sich alles gegen mich gerichtet hat und ich mich nur noch wehren muss. Mein Mann kriegt dauernd was um die Ohren, egal, was er sagt oder tut, es ist alles falsch. Wenn dann noch Susi weint, laufe ich Amok und könnte sie schütteln!«

»Ich habe seit der Geburt widerliche Träume und wache schweißgebadet mit Herzrasen auf. Gestern stand im Traum ein riesiger nackter Mann über mir und hat auf mich runtergepinkelt! Ein anderes Mal musste ich endlos durch Fäkalienströme in der Kanalisation schwimmen und mühsam den Kopf über Wasser halten! Was hat das alles zu bedeuten?«

»Mein Körper ist abstoßend! Am liebsten würd ich ihn abschrauben!«

»Wenn nur irgendetwas mich an die Geburt erinnert, erlebe ich die Gefühle der Panik wieder, als wäre es erst gestern gewesen. So vermeide ich natürlich alles Mögliche ...!«

Die Symptome (Übererregung, Albträume, Innere Starre), die ich in dem Kapitel »Was ist ein Trauma und welche Folgen kann es haben?« genauer beschrieben habe, sind Ihre Versuche, den Schrecken zu bewältigen. So ergeht es vielen Frauen kurz nach der Geburt. Nach sechs Wochen sind bei den meisten schon keine Beeinträchtigungen mehr zu spüren und nach einem halben Jahr nur noch bei ganz wenigen.[9] Also kann tatsächlich manchmal »die Zeit Wunden heilen«.

Aber welch fürchterliches Lebensgefühl – und das als frisch entbundene Mutter mit einem Neugeborenen im Arm! Wenn Sie sich hier wiedererkannt haben und eventuell auch noch bei einigen der anderen Themen wie Depression, Stillschwierigkeiten oder Partnerschaftsproblemen und Ihr Zustand sich nicht im ersten Halbjahr Ihres Kindes bessert, dann möchte ich Ihnen raten, eine Therapeutin zu suchen, die spezielle Traumatherapie[10] anbietet, anstatt darauf zu warten, dass die Zeit doch *alle* Wunden heilte, wie es das alte Sprichwort verspricht.

Antworten auf Ihre Fragen zum Geburtsverlauf, zum Stillen oder zur Unterstützung im Alltag mit dem Baby erhalten Sie von Hebammen, Stillberaterinnen, Ihrem Gynäkologen, in Schreiambulanzen, in Mütterzentren oder auch bei speziell für Mütter eingerichteten Not-Telefonen.[11]

Ängste bei einer nachfolgenden Schwangerschaft

Nun ist es doch so weit! Das, was Sie sich erst gar nicht vorstellen konnten, ist geschehen: Sie sind wieder schwanger! Die Gefühle schlagen Purzelbäume zwischen Freude auf das Kind und Panikschüben, wenn Sie an das Ende Ihrer letzten Schwangerschaft denken. Beruhigende Kommentare – »*Ach, jedes Kind hat seine eigene Geschichte!*« – »*Diesmal wird alles gut gehen, du wirst sehen!*« – »*Diesmal ist doch schon von Anfang an alles ganz anders!*« – helfen nur wenig. Die schlechten Erfahrungen sind so eindrücklich gewesen und lassen sich nicht so leicht durch den Verstand allein verändern. Neue Botschaften akzeptiert die »Steuerzentrale« nur, wenn sie mit starken Gefühlen einhergehen.[12] Deshalb fühlen sich auch die Frauen, deren zweite Geburt glücklich verlaufen ist, wie von der anderen Erfahrung geheilt oder erlöst. Nur, bis dahin müssen Sie noch ein Stückchen Weg mit der alten Angst leben.

✒ Und wie geht's weiter im Buch?

Sie können im folgenden Kapitel Anregungen finden, die Zeit der Schwangerschaft für sich und Ihr wachsendes Baby mit weniger Stress zu durchleben.

Im darauf folgenden Kapitel beginnt der Weg zur Heilung, bei dessen Planung ich alle Betroffenen begleiten möchte.

5 | Angstbewältigung bei einer weiteren Schwangerschaft

Eine besondere Herausforderung

Wieder schwanger zu sein nach einem traumatischen Geburtserlebnis ist eine besondere Herausforderung an Ihren Wunsch nach Heilung. Gerade jetzt, wieder schwanger, fließen noch einmal so viele Tränen! Die Schwangerschaft macht Sie »flüssiger«, alle Gefühle wollen fließen und können nicht gehalten oder geschluckt werden. Ihre Lebensenergie mag jetzt keine Kontrolle, keine Knoten. So badet Ihr wachsendes Kind auch im lebendigen Strom Ihrer Gefühle und erlebt und lernt Mitgefühl.

»Ich erzähle unserem zweiten Kind im Bauch oft von meiner Traurigkeit, dass seine große Schwester noch vor ihrer Geburt gestorben ist. Ich sag ihm, dass sie von ihrer Wolke aus auf uns runterguckt, dass wir mit ihr reden können und dass sie uns alles Gute zusammen wünscht!«

Wenn in der letzten Schwangerschaft Ihr Baby gestorben ist

Der Schmerz Ihrer Erinnerungen kann Sie immer wieder überschwemmen. Ihre Angst, noch einmal so tief verletzt zu werden, belebt die unerträglichen Gefühle des Verlustes wieder. Die Trauer und die Angst scheinen grenzenlos und sollen doch endlich aufhören!

Haben Sie einen Platz bei sich zu Hause oder außerhalb, wohin Sie mit Ihren Gefühlen gehen können, wohin Sie sie tragen können? Suchen oder gestalten Sie sich dafür einen Ort. Geben Sie auf diese Weise Ihrer Trauer um Ihr verlorenes Kind Bedeutung und geben Sie der Beziehung zu ihm einen Platz neben der wachsenden Verbindung mit Ihrem nächsten Kind im Bauch!

Was können Sie ganz konkret tun?

Haben Sie jemanden, auf dessen Schultern oder in dessen Armen Sie *von Ihren Ängsten sprechen* können, immer und immer wieder? Sie auszudrücken ist Teil Ihrer Heilung. *Trost* von einem liebevollen Menschen ist die beste Medizin, auch ganz ohne Worte.

Ihre große Aufgabe wird es sein, wieder Hoffnung zu schöpfen und Ihrem Körper zuzutrauen, ein gesundes, lebendiges Kind in sich wachsen zu lassen. *Eine intensivere Hebammenbetreuung* und *Vorsorge*, wann immer Sie ein Bedürfnis danach haben, sind Stützen für Ihr zerbrochenes Vertrauen.

Tröstend kann auch *kreatives Gestalten* sein, besonders wenn Sie ihr totes Kind vielleicht nie sehen und berühren konnten, kein Foto von ihm gemacht wurde und Sie auch sonst gar kein Zeichen von ihm zurückbehalten haben.

Sie können sich mit Ton oder aus Holz oder Stein ein Symbol formen. Mit Farben und Papier können Sie darstellen, wie Sie sich seine Seele jetzt im Himmel vorstellen. Oder Sie malen den Ort, den Sie als seine Mutter seiner Seele wünschen, an dem Sie beide sich immer begegnen können!

Ganz anders und eigen wird das Bild oder die Skulptur aussehen, die Sie für Ihr werdendes Kind gestalten. Welches Bild entsteht in Ihnen, wenn Sie sich einen Ort vorstellen, an dem es gut behütet ist?

Finden Sie Wege, die Lebensgeschichten der beiden Kinder auseinander zu halten, ihnen aber als Geschwistern beiden einen Platz in Ihrem Herzen einzuräumen.

Schreiben Sie dem Kind, das nur so kurz mit Ihnen leben konnte, einen Brief oder beginnen Sie ein Büchlein mit schriftlichen Gesprächen und Gedanken, das Sie ihm widmen. Natürlich bekommt das kommende Baby sein eigenes Büchlein!

Belastende Erinnerungen

»Je näher die 30. Schwangerschaftswoche rückte, in der beim letzten Mal der ganze Schrecken begann, desto unruhiger und ängstlicher werde ich!«

Ihr Körper »erinnert« mit jeder Zelle, was Ihnen widerfahren ist. Sie haben zu Schwangerschaft und Geburt Assoziationen, die aus Ihren wieder erwachenden Gefühlen gespeist werden. Und so ist es sehr verständlich, dass Ängste vor Wiederholung oder vor erneuten Schrecken aufkommen. Wie in Wellen tauchen bei geringen Anlässen Gefühle auf, die an die verletzende Erfahrung anknüpfen. Die Ängste schwellen an und ebben dann wieder ab. Das Meer der Gefühle ist eher bereit zu hohem Wellengang.

Unterstützung

Kommt dann noch eine innerliche Haltung hinzu, die Ihr Misstrauen verstärkt: »*Dass ich mal Glück haben sollte im Leben, würde mich aber schwer wundern!*«, so ist Arbeit hilfreich, die Ihre inneren Stimmen umerzieht (s. »Paradigmenwechsel« S. 113). Sie werden sich wohl nicht so leicht zu Sätzen wie folgenden durchringen können: »*Diesmal wird das Schicksal es gut mit mir meinen!*« – »*Jetzt bin ich mal dran und werd die Gold-Marie!*« – »*Ich hab eine Belohnung verdient!*«. Aber schon die Dankbarkeit für jeden positiven Befund während der Vorsorgeuntersuchungen, jeden glücklichen Moment mit allen Sinnen gekostet mit Ihrem wachsenden Kind im Bauch, jede liebevolle Begegnung mit Freunden, mit der Natur, mit sich selbst ... all das kann dazu führen, dass Sie mehrmals täglich innehalten, tief und langsam atmen und zu sich selbst sagen: »*Ich genieße das Glück dieses Augenblicks!*« So fädelt Ihr Nervensystem starke Momente des Wohlgefühls zu einer Ankerkette auf, an der Sie sich bei Wellengang festhalten können.

Was können Sie noch ganz konkret tun, um Ihre Schwangerschaft weniger belastet zu erleben und mehr den schützenden Umhang der »guten Hoffnung« zu spüren?

Führen Sie so bald wie möglich ein Gespräch mit einer *freiberuflichen Hebamme*, die Besuche bei Ihnen zu Hause oder in ihren eigenen Praxisräumen mit Ihrer Krankenkasse abrechnen kann. Besprechen Sie mit ihr ganz ausführlich, wovor Sie Angst haben, was Sie nicht noch einmal so erleben möchten und wie Sie sich deshalb eine nächste Geburt vorstellen. Alle Momente Ihrer vorherigen Geburtsgeschichte, zu denen Ihnen ein »*Wäre doch nur ...!*« oder ein »*Hätte ich doch bloß ...!*« einfällt, sind dafür von Bedeutung.

Finden Sie bei diesen Gesprächen Ihren persönlichen Weg durch die Schwangerschaft und den geeigneten Geburtsmodus für dieses Kind. Es gibt so viele Möglichkeiten, von denen Sie vielleicht noch nie gehört haben! Sie können z.b. für die Vorsorgeuntersuchungen zu einer Hebamme[1] gehen und den Gynäkologen nur dann in Anspruch nehmen, wenn Sie mit der Hebamme eine Abweichung vom normalen Schwangerschaftsverlauf bemerken. Sie können eine Beleghebamme wählen, um Ihre Hebamme für die Geburt im Krankenhaus oder auch ein kleines Team schon vorher gut kennen zu lernen. Es gibt weitere Wahlmöglichkeiten für Ihren Geburtsort: Geburtshäuser, zu Hause oder in von Hebammen geleiteten Kreißsälen.

Andererseits werden Sie auch Kliniken finden, die Ihren Wunsch nach einem Kaiserschnitt ausführlich mit Ihnen besprechen und respektieren. Sie können als Begleitung für Ihre Geburt eine »Doula«[2] finden, die anstelle Ihres Partners oder zusätzlich ganz persönlich nur für Sie als Stütze dabei sein würde.

Sie können mit einer freiberuflichen Hebamme den Geburtsbeginn zu Hause für sich sicherer und so lang wie möglich gestalten und zu einem gemeinsam gut gewählten Zeitpunkt von ihr ins Krankenhaus gebracht werden. Und vielleicht kennt Ihre Hebamme noch mehr Möglichkeiten in Ihrer Wohnregion.

Suchen Sie sich außerdem recht bald Formen der *Körperarbeit* in Ihrer Nähe, um die Schwangerschaft entspannter erleben zu können. Sie brauchen regelmäßig Schonräume, in denen Ihr »inneres Wachstum« stattfinden kann. Ihr Geist, Ihr Körper, Ihre Seele wollen sich miteinander und mit dem wachsenden Baby willkommen auf der Welt fühlen. Alles, was Ihr Wohlgefühl im Körper steigert, wird auch Ihrer Seele mehr Weite geben und Ihre Gedanken positiv beeinflussen.

Berührung und heilsame Behandlungen sind z.B. Cranio-Sacral-Therapie, Shiatsu, Watsu, Osteopathie, Lymphdrainage, Massage, Reiki und vieles mehr.[3]

Was können Sie ganz konkret tun?

Zur *Bewegung*, Belebung und zum Tiefer-Durchatmen gibt es für Schwangere z.b. Yoga, Bauchtanz, Schwimmen, Gymnastik, Feldenkrais oder lange Spaziergänge in der Natur. *Malen Sie gern?* Vielleicht stellen Sie eine Bilderfolge her mit drei Themen: Meine Schwangerschaft, Ängste und Schmerzen, meine bestmögliche Geburtsvorstellung.[4]

Entspannung finden Sie bei Musik oder Tanz, bei der Gartenarbeit, beim Malen, bei Autogenem Training, Museumsbesuchen, beim Lesen eines schönen Romans oder eines aufbauenden Buches über Geburt.

Entscheiden Sie auch nach reiflicher Überlegung und ausführlichen Gesprächen mit Menschen Ihres Vertrauens, wie lang und viel sich *Ihre Berufstätigkeit* mit der Schwangerschaft vereinbaren lässt. Manche Frauen genießen die Arbeit, weil sie dabei keine Zeit haben, zu grübeln, in Ängste zu verfallen und zu viel auf »Zeichen« zu lauschen; andere fühlen sich getrieben von Existenzängsten und würden erst bei vorzeitigen Wehen den Rückzug vom Arbeitsplatz antreten. Auch das Annehmen von Hilfe, menschlicher oder finanzieller Art, fällt heute vielen Frauen so schwer, dass sie weit an (über?) ihre Grenzen gehen.

Vielleicht entwickeln Sie im Gespräch mit Freunden Ideen, auf die Sie allein nicht gekommen wären, um Ihre inneren Bedürfnisse und die äußeren Zwänge unter einen Hut zu bekommen!

Was hilft Ihnen sonst noch, *Ihr Lebensgefühl zu steigern?* Ein Urlaub mit Ihrem Mann, ein Verwöhn-Wochenende mit ein paar Freundinnen, regelmäßige Unterstützung bei Ihren Aufgaben, ein fester Abend zum Ausgehen mit Ihrem Partner, bekocht zu werden einmal in der Woche (oder öfter!), Saunabesuche?

Es geht um Ausdehnung gegen die Enge der Angst! Stärken Sie Ihre Fähigkeit, für sich zu sorgen und Hilfe anzunehmen.

Stärken Sie Ihr Gefühl, in Ihrem Körper zu Hause zu sein.
Stärken Sie Ihre Zuversicht und Ihren Glauben an sich selbst.
Umgeben Sie sich mit Menschen und Tätigkeiten, die Sie dabei unterstützen.

➔ Und wie geht's weiter im Buch?

Vielleicht entdecken Sie auch noch im nächsten Kapitel und in Kapitel 8 »Selbsthilfemethoden zur Heilung« Anregungen für das aktive Gestalten Ihrer jetzigen Schwangerschaft.

> Da alles vergänglich, im Fluss und wechselseitig abhängig ist, beeinflusst alles, was wir denken und tun, unvermeidlich die Zukunft. Es gibt keine Situation, sei sie auch scheinbar noch so hoffnungslos und schrecklich, die wir nicht nutzen könnten, um uns zu entwickeln.
>
> *Sogyal Rinpoche, Das Tibetische Buch vom Leben und Sterben. (O.W. Barth 1993)*

6

Was nun, was tun?
Wege zur Trauma-Heilung

Entsprechend der Maßnahmen, die man ergreift, bevor man sich auf eine Reise begibt, leite ich Sie hier durch die Entscheidungsschritte, mit denen Sie Ihre Heilungs-»Reise« planen und vorbereiten können.

Das Reiseziel benennen

Ihre persönliche Motivation und Ihr Ziel

Bevor Sie Ihre »Heilungs-Reise« antreten, schreiben Sie sich bitte Folgendes auf:

Welche Beschwerden (Symptome) und Hindernisse haben mich jetzt dahin gebracht, mich für meine Heilung einzusetzen?

_____

_____

_____

_____

Mit welchem Ziel will ich an mir arbeiten?

_____

_____

Ziel: So können Sie den Verlauf Ihrer Besserung und Ihre Erfolge besser beurteilen. Denn oft ist bei Eintritt von Erleichterung schon die Schwere von gestern vergessen.

Die Landkarte und die eigenen Möglichkeiten betrachten

Viele Wege führen nach Rom! Aber einen müssen Sie wählen und beschreiten, wenn Sie ankommen wollen. Dafür müssen Sie die verschiedenen Wahlmöglichkeiten kennen und auch Ihre eigenen Fähigkeiten – welches Gepäck Sie zu tragen haben, welche Ausrüstung Ihnen zur Verfügung steht, und Sie müssen Ihre körperliche Kondition einschätzen.

Welche Wege gibt es?
Neben Methoden der Selbsthilfe gibt es folgende Methoden mit fachlicher Hilfe:

- Information durch Fachleute
- Beratungsgespräche – auch in Kombination mit Anregungen zur Selbsthilfe
- Körperorientierte Methoden – auch in Kombination mit psychischer Begleitung
- Körpertherapie
- Psychotherapie – auch in Kombination mit spezieller Traumatherapie

Die Landkarte und die eigenen Möglichkeiten betrachten

Ihr Gepäck enthält:

- Ihre *Vorgeschichte:* Haben Sie Stabilität in der frühen Kindheit erworben und Liebe erfahren? Haben Sie früher schon Erschütterungen durch traumatische Erlebnisse durchgemacht?
- Die Einflüsse durch die *Gesellschaft*, das Land und die Kultur, in der Sie leben: Mit welchen Umgangsformen und Normen sind Sie als Frau und Mutter konfrontiert?
- Ihre jüngere *Gegenwart:* Wie gesichert und getragen ist Ihr Dasein? Leben Sie in einer Partnerschaft? Haben Sie finanzielle Sorgen?
- Ihr traumatisches *Geburtserlebnis:* Trauern Sie? War es ein Schicksalsschlag? Ist Ihr Kind unbeschadet? Ist Ihnen menschliches Unrecht widerfahren?

Ihre Ausrüstung besteht aus:

- Ihrer *»Coping-Kompetenz«:* Welche bisherigen Fähigkeiten und bewährten Methoden, mit Krisen umzugehen, stehen Ihnen zur Verfügung?
- Ihrer *»Religion«:* Sind Sie verankert in Gedanken an göttliche Kräfte, Philosophie, Lebenssinn? Haben Sie Lebensträume und Ziele, die einer Belastung standhalten?
- Ihrem gegenwärtigen *Unterstützungsnetz:* Fühlen Sie sich eingebunden und können Sie Hilfe annehmen?
- Ihrer *Vorbereitung auf Geburt* und Elternschaft: Sind Sie durch die Zeit der Schwangerschaft in die gewaltige Lebensveränderung hineingewachsen? Haben Sie neue Coping-Kompetenzen erworben?

Ihre Kondition ist abhängig von:

- Ihren *Symptomen:* Was hat sich an Ihrem Gesundheitszustand und Lebensgefühl verändert seit der Geburtserfahrung? Haben Sie Zeichen einer PTBS?

- Dem *Zeitpunkt:* Ist Ihr bedrohliches Erlebnis erst vor kurzem passiert? Oder ist es schon länger als ein halbes Jahr her?

Den Abreisetermin festlegen

Wann Sie nach dem Geburtserlebnis mit Ihrer Heilungsreise aktiv beginnen, liegt in Ihrem Ermessen und an der Höhe des Leidensdrucks. In den ersten drei Monaten nach der Geburt mildern sich die Gefühle des Schreckens oder der Traurigkeit oft auch ohne therapeutische Hilfe von selbst. Sollte das Erlebnis aber schon länger her sein und sollten Sie PTBS-Symptome bei sich erkennen – diese Symptome habe ich am Anfang des Buches beschrieben –, ist Hilfe zur Heilung so bald wie möglich ratsam!

Informationen sammeln

Wie sind die verschiedenen Wege beschaffen?

Nachdem Sie die Wegweiser gesehen haben und die Faktoren Ihrer Belastbarkeit mit in Betracht ziehen können, müssen Sie jetzt Informationen sammeln über die Beschaffenheit der Wege und darüber, mit welchen Begleiterscheinungen Sie unterwegs zu rechnen haben.

Nach einem Trauma ist oberstes Gebot der Heilungsreise, dass Sie sich nicht noch in zusätzlichen Stress begeben, sondern Ihrem Körper, Ihrem Geist und Ihrer Seele Erfahrungen bieten, mit denen Sie sich wieder sicher und wohler auf der Welt fühlen können. Ein Teil Ihrer Gedanken kreist noch um das unfassbare Erlebnis und hat die Orientierung verloren. Jeder neue Weg, den Sie jetzt einschlagen, sollte deshalb einigermaßen übersehbar sein und ein Ziel, einen guten Ausblick bieten. Deshalb werde ich Ihnen die Wege der möglichen Hilfsangebote und der Selbsthilfe kurz schildern.

Gute Aussichten auf einen Heilungserfolg werden mit folgendem Symbol gekennzeichnet: ☺

Vorsicht ist geboten, wenn das nachstehende Symbol auftaucht: ❗

Information durch Fachleute

☺ Beim Aufarbeiten einzelner Themen und Probleme ist es angemessen, spezielle Fachleute zu konsultieren: Fachärzte, Hebammen, Stillberaterinnen, Selbsthilfegruppen usw.

❗ Erwarten Sie nicht zu viel! Nicht alle Spezialisten haben Ihre seelische Verfassung im Blick.

Beratungsgespräche – auch in Kombination mit Selbsthilfe

☺ Eine Person, mit der Sie immer wieder Ihre auftauchenden Gedanken und Gefühle rund um die Geburt ganz frei aussprechen können, die Ihnen aufmerksam zuhört und Erfahrung im Umgang mit Krisen hat, ist ein Segen. Auch die Erfahrungen, die Sie bei der Bearbeitung von selbst gestellten Aufgaben sammeln – z.B. mit diesem Buch –, können Sie wunderbar mit zu einem solchen regelmäßigen Gesprächstermin bringen.

❗ Eine Person im Bekanntenkreis ist häufig nach einer Weile mit dieser Rolle überfordert. Eine professionelle Beraterin, ein Coach oder eine Therapeutin wird dieser Aufgabe eher gerecht.

Körperorientierte Methoden – auch in Kombination mit Psychotherapie

Massagen und andere manuelle Anwendungen sind zwar wohltuend und heilsam, stellen nach einem Trauma eventuell jedoch zunächst eine Überforderung dar. Die Verbindung mit psychotherapeutischem Wissen, wie es bei *Körperpsychotherapeuten* der Fall ist, halte ich für notwendig und als Verfahren für besonders hilfreich!

Achten Sie Ihre Grenzen! Gehen Sie bei Berührung nicht über Ihre Gefühle hinweg!

Psychotherapie

Bei jeder Form der Psychotherapie müssen Sie bereit sein, das erschreckende Geburtserlebnis eingebettet in Ihre gesamte Lebensgeschichte zu betrachten. Es ist ein großes Geschenk, für eine schwierige Lebensstrecke kompetente Begleitung zu haben. In *Kombination mit einer speziellen Traumatherapie* hilft es Ihnen beim Stabilisieren, vor allem bei einer PTBS.

Erwarten Sie keine schnellen Lösungen. Häufig ist der Beginn einer Therapie mit viel Schmerz verbunden, der sich endlich befreien darf.

Methoden der Selbsthilfe

Sie können aus einer Vielzahl von erprobten Methoden auswählen. Diese stehen jederzeit zur Verfügung, brauchen wenig Vorbereitung, verursachen kaum Kosten und lassen sich mit Ihren erlernten und vertrauten Fertigkeiten verbinden. Sie können diese begleitend zu einer Therapie oder Beratung anwenden und selbst Häufigkeit und Intensität bestimmen.

Sie brauchen eine relativ große eigene Stabilität (s. Coping-Kompetenz) und ein gutes Unterstützungsnetz.

Eine Entscheidung treffen

Die wichtigste Entscheidung wird für Sie sein, ob Sie es sich zutrauen können, mithilfe dieses Buches allein Ihre Heilung in die Hand zu nehmen, oder ob Sie der Suche nach kompetenter Begleitung den Vorrang geben.

Bei körperlichen Verletzungen wissen Sie im Allgemeinen, ob Sie sie allein versorgen können oder ob Sie sich lieber in die Hände von Spezialisten begeben. Sie lesen eventuell noch in einem Gesundheits-Ratgeber nach, damit Sie sich sicher fühlen bei einer Selbstbehandlung. Vieles können Sie ohne Hilfe: Sie widmen einer Wunde Zeit und Aufmerksamkeit, verwenden erst einen sauberen Verband zum Schutz, etwas zur Desinfektion oder Heilsalbe und eventuell naturheilkundliche Mittel. Manchmal schmerzt eine schon fast verheilte Wunde noch einmal stärker, weil sie nicht ganz sauber war und anfängt zu eitern. Bald pflegen Sie noch die Narbe geschmeidig oder stärken einen gerade verheilten Arm nach einem Bruch durch vorsichtige Bewegungen. Der Schreck über Ihren Unfall kommt vielleicht erst zu Tage, wenn die Versorgung der körperlichen Verletzung nicht mehr im Vordergrund steht. Nun überlegen Sie auch grundsätzlich, wie es zu der Verletzung kommen konnte und wie Sie eine Wiederholung vermeiden können.

Entsprechend sind die Anregungen zur Heilung Ihres traumatischen Geburtserlebnisses gedacht: Einerseits finden Sie Wege der Selbsthilfe und andererseits werden einige Gedankenanstöße Sie vielleicht dazu bewegen, aktiv nach einer entsprechenden Person zu Ihrer Unterstützung zu suchen.

Wandel und Wachstum sind individuelle, lebendige Prozesse ohne geradlinig genormte Verlaufskurven mit vorhersehbarem »Outcome«. Ich kann Ihnen folglich nicht ein Fünf-Schritte-Programm zur Heilung vorlegen, ja nicht einmal genau vorhersehen, mit welchen Aufgaben Sie Erfolg haben werden. Ich erlebe auch in meinen Einzelstunden immer wieder Überraschungen: manchmal über die Heftigkeit einer Reaktion, manchmal über eine unerwartet leichte Auflösung.

> **Hinweis**
>
> Sie müssen bei der Heilungsreise damit rechnen, dass Erinnerungen mit aufwühlenden Gefühlen auftauchen können.

> **Hinweis**
>
> Falls Sie sich selbst helfen wollen, müssen Sie in der Lage sein, sich selbst wieder zu beruhigen.

Gute Aussichten für die Selbsthilfe

Grundsätzlich verlangt ein Weg ohne fachkundige Hilfe eine größere Stabilität von Ihnen. Die Mehrzahl der Frauen, die noch keine andere bedrohliche Erfahrung vor ihrer Geburt gemacht haben und sich psychisch ziemlich gesund gefühlt haben, meistern die Verarbeitung einer belastenden Geburt weitgehend allein. Aber auch Menschen, die es gewohnt sind, mit Krisen umzugehen, haben oft gute Bewältigungsfähigkeiten entwickelt.

Auch das Leben in einer sorgenfreien, liebevollen Beziehung oder das Eingebundensein in ein tragendes Familien- oder Freundesgefüge sind gute Voraussetzungen für die Selbsthilfe.

Hinweis

für die Auswahl der Methode:

- Erst durchlesen, dann ausprobieren!
- Signale des Körpers ernst nehmen!
- Nicht die Menge der Übungen entscheidet über den Erfolg, sondern die Achtsamkeit bei der Durchführung!
- Wann immer Sie sich einen Vorschlag nicht so ganz allein zutrauen, die Vorstellung Sie aber fasziniert, suchen Sie sich einen Menschen, mit dem Sie Ihre Erfahrungen teilen können.

Grundsätzlich möchte ich Ihnen ans Herz legen, wenigstens zur anfänglichen Orientierung eine kompetente Begleitperson zu wählen, die Sie bei Bedarf auch zwischendurch wieder aufsuchen können.

Hinweis

- Je früher Sie Hilfe in Anspruch nehmen, desto schneller werden Sie heilen!
- Je länger her das Geburtserlebnis ist, desto dringender ist bei Fortbestehen von Symptomen Hilfe angesagt!

Vorbereitungen für die Heilungsreise

Für welchen Weg Sie sich auch entscheiden, die Heilung ist etwas, das durch Sie selbst geschieht. Niemand kann Sie »heil machen«. Daher ist ein gewisses Maß an aktiver Selbstgestaltung immer förderlich für den Verlauf. Die Anregungen der

Vorbereitung sind – achtsam ausgeführt – für Ihre Selbstheilungskräfte ein gutes Signal, dass Sie bereit für eine Veränderung sind.

Während Sie mit den nachfolgenden Vorbereitungen beginnen, können Sie sich bei Bedarf gleichzeitig nach einer kompetenten Hilfe umsehen.

Stabilisieren Sie Ihre Seele

In der ersten Zeit nach dem Schrecken müssen Sie Zeit haben, sich zu beruhigen und gut zu schlafen, und Sie brauchen Beistand einer vertrauten Person.

Wenn Sie ein Neugeborenes zu versorgen haben, wird das schon Ihre ganze Kraft und Aufmerksamkeit fordern. Tun Sie neben dieser Aufgabe nur Gewohntes und Wohltuendes.

Nutzen Sie die Besuche Ihrer Hebamme, sooft Sie wollen, um über Ihr Erlebnis und Ihre auftauchenden Gedanken und Gefühle in Ruhe zu sprechen.

Bestimmen sie das Maß an Alleinsein oder die Menge an Besuch, seien Sie rücksichtsvoll mit Ihren Grenzen.

Lassen Sie sich verwöhnen mit regelmäßigem Essen und einer verlässlichen Tagesstruktur.

Lassen Sie sich so viel Trost zusprechen, wie Sie brauchen!

Auch wenn Ihre Geburt schon vor längerer Zeit stattgefunden hat, begegnen Sie den Gefühlen, die mit der Erinnerung aufsteigen, mit tiefer, langsamer Atmung. Lassen Sie vor allem Ihren Atem (beim Ausatmen) – eventuell auch mit Tönen verbunden – vollständig ausströmen, so, wie Sie es zur Bewältigung der Wehen während der Geburtsvorbereitung eingeübt hatten. Konzentrieren Sie sich dabei auf ein beruhigendes Bild wie sanfte Meereswellen, den Gleitflug eines schönen Vogels, vorüberziehende Wolken ...

Ziel: Stärken Sie auf diese Weise Ihre Fertigkeit der eigenen Beruhigung.

Glätten Sie die Wogen Ihres Geistes

Legen Sie sich ein Heilungs-Tagebuch zu, in dem Sie alle »Reiseerlebnisse« eintragen können. Versehen Sie es mit einem Schloss oder Band, legen Sie es in eine Kiste oder einen Schrank, damit Sie Ihr innerliches Thema auch greifbar immer wieder hervorholen und auch zur Seite legen können.
Ziel: Befreien Sie kreisende Gedanken.

Wichtig ist weiterhin: Richten Sie Ihre Aufmerksamkeit bei der Heilung sooft Sie können, auf das, was Sie erreicht haben, was Sie gut gemacht haben, was Sie gut können. Führen Sie in Ihrem Tagebuch »Erfolgslisten«.[1] Mit Lob geht alles viel besser als mit vernichtendem Tadel. Suchen Sie also Aufgaben aus, die Sie bewältigen können, die Sie gern ausführen, deren Durchführung Sie stärkt und Sie in Verbindung mit Ihren Fähigkeiten bringt.
Ziel: Stärken Sie Ihr Selbstbewusstsein.

Schenken Sie Ihrem Körper Beachtung

Sorgen Sie in Ihrem täglichen Leben für eine regelmäßige Zeit an einem ungestörten Ort, wo Sie genug Ruhe finden, um sich mit Ihrer Heilung zu beschäftigen, und beginnen Sie immer mit einer Körperwahrnehmungsübung.
Ziel: Sie brauchen Kenntnis Ihrer Körpersensationen, um Ihren Körper aus dem verschreckten Zustand wieder herauszulocken.

Im Folgenden stehen Ihnen zwei Übungen zur Auswahl: eine Übung im Sitzen, die Sie auf eine stille innere Betrachtungsreise schickt, und eine im Stehen mit mehr Atem und Bewegung. Nehmen Sie sich innerhalb der Übungen immer genügend Zeit zum Nachspüren. Im Text sind dafür Pausen vorgesehen und jeweils gekennzeichnet mit (—).

Reise durch den Körper im Sitzen

Finden Sie einen ungestörten Platz, wo Sie entspannt ein Weilchen sitzen können. Wandern Sie nun mit Ihrer inneren Achtsamkeit durch Ihren Körper vom Gesicht bis zu den Füßen. (—) Nehmen Sie sich Zeit. (—) Gehen Sie langsam und sanft voran. Werden Sie ganz aufmerksam für die Körperhülle, alle Organe, Muskeln und Knochen ... auch für kleinste Strukturen. (—) Nehmen Sie Bereiche des Wohlgefühls wahr. Erlauben Sie, dass diese Empfindungen sich ausdehnen. (—)
Schicken Sie bei jedem Ausatmen so viel liebevolle Fürsorge in die Bereiche, die weniger angenehm in Ihrer Wahrnehmung erscheinen, wie es Ihnen im Moment möglich ist. (—)
Gestatten Sie sich Bewegungen und Dehnungen, die lösend wirken, bis Ihre Lebendigkeit wieder mehr in Ihrem Körper zu Hause ist. (—)
Ihr Atem bewegt sich ganz natürlich, ohne Ihr Zutun.
Lassen Sie die innere Achtsamkeit voller Liebe heilend durch Ihren Körper fließen, voll Achtung vor diesem Wunderwerk. (—)
Nehmen Sie zum Abschluss ein paar ruhige, tiefere Atemzüge und wechseln Sie wieder in Ihr Tagesbewusstsein.

Bewegungsmeditation[2] im Stehen

Meine liebste Bewegungs-Meditation ist die folgende, zu der ich immer wieder neue Texte erfinde. Die Abfolge der einzelnen Bewegungen wird durch die Zeichnung auf Seite 67 nochmals verdeutlicht. Zunächst lernen Sie nur die Bewegungen in Verbindung mit dem Atem auszuführen. Die vorgeschlagenen Selbstbotschaften fügen Sie erst dann hinzu, wenn Sie mit dem Ablauf vertraut sind. Eines Tages werden Sie selbst die Sätze entdecken, die die Bedeutung Ihrer Gesten am besten ausdrücken und die zu Ihren momentanen Aufgaben passen.

Jede Bewegung wird vom Ein- oder Ausatmen begleitet.

1 Sie stehen aufrecht, die Handflächen vor der Brust aneinander gelegt wie zum indischen Gruß, und atmen ein: *Ich mache mich bereit für meine Heilung.*
2 Sie führen die Arme an der Vorderseite Ihres Körpers abwärts, die Handflächen weisen zum Boden, bis sich nur noch die Fingerspitzen der Mittelfinger berühren, dabei atmen Sie aus: *Ich habe hier für meine Heilung einen guten Platz.*
3 Die Arme öffnen sich beim Einatmen und steigen seitwärts am Körper hoch, bis sie ausgestreckt zum Himmel weisen: *Ich fasse Mut.*
4 Mit geradem Rücken, weichen Knien und dem Po als Gegengewicht nach hinten gestreckt, lehnen Sie beim Ausatmen den Oberkörper mit immer noch gestreckten Armen nach vorn bis zur Waagerechten: *Ich wage mich ein Stück vorwärts.*
5 Sie verneigen sich beim Einatmen und führen dabei Arme und Oberkörper Richtung Boden: *Ich fasse Vertrauen.*
6 Mit vornübergebeugtem Oberkörper und hängenden Armen warten Sie ab, bis Sie ausgeatmet haben, und entspannen sich dabei: *Ich entspanne mich.*
7 In einem großen Halbkreis schwingen Sie die gestreckten Arme vor dem Körper bis hoch in die Luft, richten sich dabei wieder ganz auf und atmen ein: *Ich schöpfe Kraft.*
8 Dann breiten Sie die Arme beim Ausatmen zu beiden Seiten bis in Schulterhöhe weit aus, der Brustkorb weitet sich: *Ich breite mich weit aus und empfange Heilung.*
9 Ihre Handflächen wandern in Brusthöhe beim Einatmen wieder aufeinander zu, bis sie sich wieder zum indischen Gruß vor Ihrem Brustbein aneinander legen: *Ich sammle ein, was mir gut tut!*

Vorbereitungen für die Heilungsreise

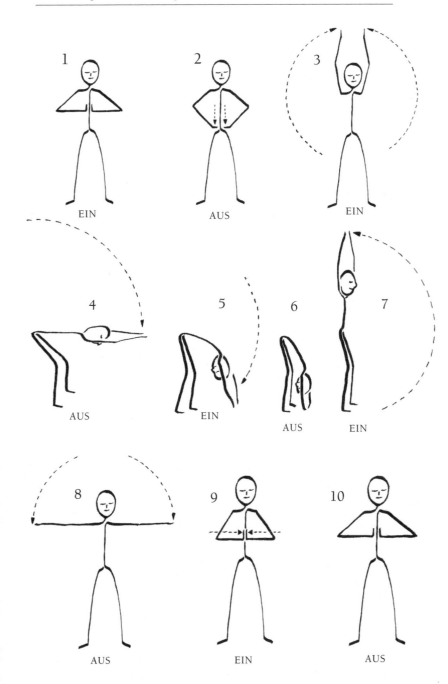

10 In der Haltung verweilen Sie so lange, wie Sie ausatmen: *Ich nehme es in mich auf.*

Beginnen Sie wieder von vorn und wiederholen Sie diesen Ablauf, sooft er Ihnen gut tut.

Hier ein weiterer Text, den Sie mit dem Bewegungsablauf verknüpfen können:
Ich ... bin ... in Verbindung mit dem Himmel, ... mit der Welt, ... mit Mutter Erde, ... tief hinunter bis zu ihrem feurigen Kern, ... mit der reinigenden Kraft des Wassers, ... mit dem Licht der Sonne, ... mit klarer Luft für meinen Atem ... All dies erfüllt mich mit Kraft!

Zum Abschluss[3]

Nach jeder ausgeführten Übung reiben Sie Ihre Handflächen kräftig aneinander.

- Dann streichen Sie dreimal Ihr Gesicht mit den Handflächen beim Einatmen in der Mitte aufwärts vom Kinn zur Stirn, die Augen geschlossen – beim Ausatmen außen über die Wangen, den Unterkiefer, zum Kinn abwärts, Augen und Mund sind dabei geöffnet: *Ich (einatmen) – heile (ausatmen)!*
- Kraulen Sie mit den Fingerspitzen Ihre Kopfhaut wie beim Haarewaschen, von vorn nach hinten, dreimal: *Ich fühle!*
- Klopfen Sie dreimal mit leichten Klapsen Ihrer Handflächen den Kopf von vorn nach hinten ab: *Ich bin wach für neue Ideen!*
- Massieren Sie Ihre Ohrmuscheln von oben nach unten, dreimal: *Meine Ohren sind weit geöffnet für heilsame Botschaften!*
- Breiten Sie die Ellenbogen weit zur Seite aus, legen Sie Ihre Handflächen von hinten an Ihren Hals und reiben Sie mit Ihren Handflächen abwechselnd über Hals und Nacken: *Mein Nacken ist frei!*

- Legen Sie Ihre Hände übereinander auf Ihren Bauch, etwas unterhalb des Nabels, und ruhen Sie aus: *Ich bin erfüllt von heilsamer Energie und bewahre sie in mir zu meinem Nutzen.*

Ziel: Sie werden Ihre Selbstwahrnehmung allmählich immer mehr verfeinern, während sich Ihre Energie wieder in Ihrem Körper mehr auszudehnen wagt. Seien Sie geduldig mit sich selbst! Gerade das wird Sie leichter Fortschritte machen lassen, als wenn Sie sich antreiben.

Geburtsbericht anfordern

Kreist Ihr Verstand noch darum, was genau denn passiert ist und warum, und sucht nach Lösungen? Auch wenn Sie wissen, dass eine Antwort auf das »Warum« meistens gar nicht zu finden ist, so können Sie doch so viele Details wie möglich über den Ablauf Ihrer Geburt zusammentragen.

Ziel: So erreichen Sie einen Grad des Verstehens, mit dem Sie leben können und mit dem auch neue Erfahrungen möglich werden.[4]

Dazu tragen die Aufzeichnungen der Hebammen vom Geburtsverlauf bei. Falls Sie sich allein nicht an die Erinnerung wagen, können Sie mithilfe dieses angeforderten Dokuments gut ausgerüstet in ein fachliches Beratungsgespräch gehen.

Ich habe in meiner Praxis bisher keine Frau erlebt, die mir nicht von ihrem belastenden Geburtserlebnis erzählen wollte – wenn auch oft unter Tränen. Es gab auch Abschnitte, die eine Frau nicht gut erinnern konnte, auch kommt es vor, dass die Frau das Gefühl für die Zeitabläufe verloren hat.

Alle Frauen hatten ein großes Bedürfnis, die Lücken zu schließen und ein größtmögliches Verständnis des Ablaufes zu erlangen.

Was steht in dem Bericht über die Geburt Ihres Kindes?

Jede Hebamme fertigt bei einer Geburt einen Bericht über den Ablauf an, in dem notiert ist, wer wann und warum was an Untersuchungen, Maßnahmen und Medikamentengaben vorgenommen hat. Zu dieser Akte werden auch die aufgezeichneten CTG-Streifen[5] abgelegt, die Aufschluss über das kindliche Wohlergehen geben. Wenn ohne CTG nach den kindlichen Herztönen gehorcht wurde, so ist auch notiert, wann und mit welchem Ergebnis. Dieser Bericht wird 30 Jahre am Geburtsort (in der Klinik oder im Geburtshaus) oder bei der Hausgeburtshebamme aufbewahrt.

Um Einblick in Ihren Geburtsbericht zu nehmen, können Sie schriftlich eine Kopie anfordern oder Ihren Gynäkologen oder eine freiberufliche Hebamme bevollmächtigen, Einsicht in Ihre Akte zu nehmen.

Hinweis

Ich halte es für unerlässlich für die Verarbeitung Ihres Geburtserlebnisses, dass Sie verstehen, was mit Ihnen geschehen ist.

Fortbewegungsmittel wählen

> Der Heilungsprozess ist wie ein Marathonlauf, es kommt auf die Ausdauer an.
> *Donald W. Meichenbaum*

Wenn Sie gemerkt haben, dass eine therapeutische Begleitung für Sie die richtige Entscheidung ist, dann blättern Sie bitte weiter zur Überschrift »Reisebegleitung wählen – Wege mit fachlicher Hilfe« auf Seite 72. Später können Sie während der therapeutischen Arbeit auch aus den Selbsthilfe-Vorschlägen Anregungen aufnehmen.

Wenn Ihre gut vorbereitete Entscheidung gefallen ist, sich weitgehend allein oder mit gelegentlicher Hilfe in Bewegung zu setzen, dann wählen Sie bei der folgenden Auflistung aus, mit welchen Methoden Sie fortfahren wollen, und schlagen Sie die dazugehörigen Aufgaben unter der angegebenen Seitenzahl im Kapitel 8 ab Seite 93 nach.

Wege der Selbsthilfe

Bewegungsübungen, siehe S. 96
Ziel: Sie bringen Ihre Energie in Bewegung.
Fantasiereisen, siehe S. 100
Ziel: Sie stärken sich, indem Sie positive innere Bilder entwickeln.
Geistige Arbeit, siehe S. 105
Ziel: Sie werden das Erlebte noch besser verstehen und Ihre damit verbundenen Gedanken und Gefühle besser einordnen und verwandeln können.
Ausdruck und Stimme, siehe S. 117
Ziel: Damit lassen sich verborgene Gefühle ausdrücken.
Schreiben, siehe S. 119
Ziel: Mithilfe des Schreibens können Sie Ihren inneren Aufruhr klären, umso mehr, wenn Sie schon früher gern Tagebuch geführt haben.
Kreatives Gestalten, siehe S. 124
Ziel: Mithilfe von Farben oder der Herstellung von Collagen lassen sich Gefühle ausdrücken, wenn diese Methode Ihnen entgegenkommt.
Selbstmassage, s. S. 129
Ziel: Wenn es Ihr vorderstes Ziel ist, die Empfindungen von

Angst und Unruhe in Ihrem verschreckten Körper zu überwinden und wieder mehr Entspannung finden zu können, ist die Selbstmassage eine geeignete Methode.
Rituale, siehe S. 132
Ziel: Mithilfe von Ritualen lassen sich Handlungsabläufe als sicherer Rahmen gestalten, Symbole werden Sie mit ihrer Bildhaftigkeit auf tiefer Ebene berühren.

Nun lassen Sie sich nicht von der Qual der Wahl bremsen, sondern folgen Sie ganz Ihrer Lust und Neugier. Blättern Sie jetzt zu den Methoden, die Sie interessant finden, und lesen Sie bitte nicht alle Möglichkeiten auf einmal!

Hinweis

Suchen Sie sich lieber nur eine Aufgabe aus und legen Sie Ihre ganze Aufmerksamkeit hinein. Wiederholen Sie sie sogar einige Male und schöpfen Sie die Möglichkeiten der Selbsterfahrung aus!

Reisebegleitung wählen

Wege mit fachlicher Hilfe

Sie haben sich für den Weg mit fachkundiger Begleitung entschieden. Worauf müssen Sie achten, wenn Sie sich für Ihre Heilung kompetente Hilfe suchen wollen?

Das Gefühl von Sicherheit und Vertrauen in die Person, von der Sie sich Unterstützung holen möchten, ist zur Bearbeitung Ihres traumatischen Erlebnisses Voraussetzung. Beides ist meist nicht gleich bei der ersten Begegnung vorhanden, sondern braucht Zeit, sich zwischen zwei Menschen zu entwickeln.

Wie lange es dauern wird, bis Sie eine Linderung Ihrer Symptome bemerken werden, hängt sehr von der Beeinträchtigung Ihres jetzigen Lebensgefühls ab. Einigen Frauen in meiner Praxis reichen etwa drei bis sechs Treffen, nach denen sie mit neuen Impulsen ihren Weg der Selbstheilung weiter aufnehmen. Andere wählen eine langfristige Begleitung. Sie kommen einige Monate wöchentlich oder alle zwei Wochen, legen eventuell mal eine Pause zwischendurch ein und kehren auch nach größeren Abständen immer wieder einmal zurück.

Wenn Sie über Empfehlungen und eigene Recherchen jemanden für sich gefunden haben, werden Sie dem Erstgespräch entgegenfiebern und vor dem Termin wahrscheinlich ziemlich aufgeregt sein. Es kann sich anfühlen wie ein ganz entscheidender Schritt, der große Auswirkungen auf Ihr Lebensgefühl haben wird. Damit das wahr werden kann, bringen Sie Ihre Bereitschaft mit, Hilfe anzunehmen und sich mit Ihrer Not zu zeigen.

Am Ende Ihrer ersten Stunde fällen Sie die Entscheidung, ob Sie Folgetermine mit dieser Person vereinbaren möchten oder ob Sie einen weiteren Anlauf bei einem anderen Therapeuten unternehmen möchten. Überstürzen Sie nichts, gehen Sie geduldig und behutsam voran. Seien Sie achtsam mit Ihrer Intuition und sprechen Sie auftretende Zweifel und Ähnliches an.

Hinweis

Ihre eigene Selbst-Achtung und die Kompetenz und Einfühlsamkeit Ihres Therapeuten tragen zusammen zu Ihrem Therapie-Erfolg bei.

Weiter oben habe ich schon die verschiedenen Möglichkeiten kompetenter Unterstützung mit all ihren Chancen und Herausforderungen aufgezeigt. Ich stelle Ihnen nun die dazugehörigen unterschiedlichen Berufsgruppen vor, an die Sie sich wenden können. Im Anhang sind die entsprechenden Adressen oder Webseiten zusammengestellt.

Informationen durch Fachleute

Hebammen und Gynäkologen

Sie sind in Ihrer Umgebung über Listen und Verbände zu finden. Sie sind die geeigneten Ansprechpartner für körperliche Probleme, die in Zusammenhang mit Ihrer Geburt stehen. Auch alle Ihre Fragen zum Geburtsverlauf, eventuell auch anhand des Geburtsberichts, können Sie hier stellen.

Die Leistungen werden im Allgemeinen von den Kassen übernommen. Durch zusätzliche Ausbildungen oder bei besonderen ärztlichen Angeboten, den so genannten IGel-Leistungen*, wird eine Selbstzahlung mit Ihnen vereinbart.

Falls Sie nach einer traumatisch verlaufenen Geburt wieder schwanger sind, lesen Sie das gesonderte Kapitel »Angstbewältigung bei einer weiteren Schwangerschaft« und gehen Sie sehr bald zu einer freiberuflichen Hebamme. Wählen Sie eine individuelle Vorsorge und Geburtsvorbereitung für sich aus.

Naturheilkundliche Unterstützung

Sie finden sie bei Heilpraktikern, Homöopathinnen und manchen praktischen Ärzten mit besonderen Spezialisierungen. Die Abrechnungsmöglichkeiten sind sehr unterschiedlich.

---

* individuelle Gesundheitsleistungen, die auf Wunsch der Patienten außerhalb der kassenärztlichen Versorgung und Gebührenordnung stattfinden

Stillberaterinnen

Sie sind über verschiedene Verbände erreichbar. Es gibt Gruppen- und Einzelberatung. Die Hausbesuche bei besonderen Stillproblemen sind gründlich, sorgfältig und sehr hilfreich! Die Bezahlung der Stillberaterinnen wird zurzeit leider nicht von allen Kassen übernommen.

Einrichtungen und Institutionen für Mütter

Mütterzentren, ein Mütter-Not-Telefon z.b. des Gesundheitsamtes, Pro Familia, Erziehungsberatungsstellen und Frauengesundheitszentren sind gute Anlaufstellen für akute Not und können bei Bedarf zu entsprechenden Fachleuten weitervermitteln.

Selbsthilfegruppen und Trauerbegleitung

Kontaktadressen finden Sie ebenfalls im Anhang.

Gespräche – auch in Kombination mit Anregungen zur Selbsthilfe

Abgesehen von den Gesprächen zu einzelnen Problemen mit den oben beschriebenen Fachleuten gibt es noch die Möglichkeit, Menschen mit einer speziellen Ausbildung in Gesprächsführung und Beratung aufzusuchen.

»Coaching« oder Beratung z.B. mithilfe der Transaktions-Analyse oder des NLP (Neurolinguistisches Programmieren)[6] ist hilfreich beim Erarbeiten von neuen Glaubenssätzen und veränderten Lebenszielen (siehe auch Selbsthilfe-Vorschläge). Die Kosten müssen selbst übernommen werden.

Körperorientierte Methoden – auch in Kombination mit psychischer Begleitung

Manuelle Therapieformen

Auf dem Gebiet der Körperarbeit gibt es verschiedene Angebote: Cranio-Sacral-Therapie, Osteopathie, Akupunktur, Shiatsu, Feldenkrais, Rolfing und viele andere Methoden.[7] Natürlich ist in der Großstadt das Angebot reichhaltiger. Fragen Sie Menschen, die Sie gut kennen, nach Empfehlungen. Forschen Sie im Internet nach Therapeuten in Ihrer Nähe. Manche Krankengymnasten/Physiotherapeuten haben zusätzliche Ausbildungen und können sich mit einem Rezept Ihrer Ärztin an Ihre Krankenkasse wenden.

Körperpsychotherapie

Körperpsychotherapeuten arbeiten mit dem Atem, mit Berührung, Bewegung, Stimme, Ausdruck, mit Blockaden im Fluss der Lebensenergie ... immer in Verbindung mit der eigenen Wahrnehmung und den sich dabei befreienden Erinnerungen und Gefühlen. Im nächsten Kapitel gehe ich darauf näher ein. Diese Methoden werden nicht von den gesetzlichen Kassen bezahlt. Elemente der Körpertherapie können aber auch im Rahmen tiefenpsychologisch fundierter Therapien (siehe unten) angewandt werden.

Psychotherapie – auch in Kombination mit spezieller Traumatherapie

Verschiedene Verfahren

Krankenkassen und Therapie-Verbände nennen Ihnen Psychotherapeuten in Ihrer Nähe. Die Verfahren »tiefenpsychologisch fundiert«, »Verhaltenstherapie (VT)« und die Psychoanalyse werden zurzeit in Deutschland von den Kassen übernommen.

Um von der Krankenkasse eine Therapie bewilligt zu bekommen, muss ein von der kassenärztlichen Vereinigung (KV) anerkannter Psychotherapeut einen Antrag stellen. Sie haben zuvor die Möglichkeit, ohne Antrag einige Therapiestunden mit ihm zu nehmen (so genannte »probatorische« Sitzungen), nach denen Sie sich entscheiden können, ob Ihre Zusammenarbeit förderlich ist.

Techniken der Traumatherapie
Unter den Psycho- und Körperpsychotherapeuten sind einige speziell in einer traumatherapeutischen Technik ausgebildet, z.B. EMDR^8, die sie innerhalb ihres Verfahrens anwenden.

Viel Erfolg bei Ihrer Suche! Und erlauben Sie sich von Zeit zu Zeit, Ihre Ziele, Ihren eingeschlagenen Weg und Ihre Methoden zu überprüfen.

Vertrauen Sie Ihrem inneren Wissen und gehen Sie gewährend mit sich um.

✦ Und wie geht's weiter im Buch?

Lesen Sie noch im nächsten Kapitel mehr über Körpertherapie, dann können Sie besser entscheiden, ob dieser Weg für Sie vorstellbar wäre.

Auch bei den Selbsthilfe-Vorschlägen gibt's noch Ideen, die gut mit fachlicher Unterstützung zu kombinieren sind.

7

Körpertherapeutische Behandlung – Berührung der Seele

Der Körper ist der Übersetzer der Seele ins Sichtbare.

Christian Morgenstern

Ihre Seele benutzt, um sich mitzuteilen, Ihren Körper, mit dem sie zeigt, wie sie sich hier auf der Welt entfalten kann und wie sie sich zu schützen weiß. Der Körpertherapeut hört auf diese Sprache des Körpers – auf Haltung, Mimik, Gestik, Stimme, Atmung, Ausstrahlung, Spannung, Lebensenergie usw. Neben dem Inhalt Ihrer Worte vermitteln Sie ihm so die Botschaften, die Sie im Laufe Ihrer Lebensgeschichte in allen Ihren Zellen gespeichert haben.

Bei den verschiedenen Formen der Körpertherapie werden jeweils spezielle Techniken, unterschiedliche Berührungen und Handgriffe verwendet, um diesen Mitteilungen des Körpers zu antworten.

Wenn Sie sich das Bild der Schnecke vergegenwärtigen, die sich nach schlechten Erfahrungen in ihr Schneckenhaus zurückgezogen hat, um jeder Art Begegnung aus dem Weg zu gehen, so denken Sie sicher ganz folgerichtig: *»Ja, da ist doch aber Berührung genau das Falsche, dann muss man sie doch in Ruhe lassen!«* Stimmt, wenn man das Wort *berühren* auf die Bedeutung *anfassen* beschränkt.

Im Synonymenlexikon ist zur Auswahl außerdem zu finden: anrühren, antasten, betasten, (an)grenzen, (be)treffen, Zusammenhang, andeuten, anmuten, rühren. Das klingt wie ein ganz »vorsichtiges Wort«, das Verbindung herstellen möchte, das Grenzen respektiert, das Seele und Gefühle erreichen will. Berührung so verstanden kann Ihnen auf vielerlei Ebenen die Auswirkungen Ihrer Erfahrungen bewusst machen. Sie können in einem derartigen Kontakt Ihre Schutzhaltungen deutlicher empfinden, neues Verhalten entdecken und Halt finden durch eine menschliche und kompetente Begleitung.

Therapie – Ein Geburtsprozess

Als ich die Körpertherapie nach Wilhelm Reich kennen lernte, entdeckte ich viele Parallelen zu meiner Arbeit als Hebamme. Wie beim Begleiten während einer Geburt half mir der Therapeut beim Lösen meiner unbewussten »Knoten«, um mich meiner Lebendigkeit mehr öffnen zu können. Ich spürte am eigenen Leibe, was mir aus der Hausgeburtshilfe bekannt war, den Wert seines »Hütens«, seiner Kompetenz und Anwesenheit. In diesem Rahmen von Sicherheit und Geborgenheit war es mir möglich, eigene Begrenzungen zu überwinden.

Die während meiner folgenden eigenen Ausbildungsjahre für diese Form der Therapie erworbenen Kenntnisse flossen zunächst in meine Hebammentätigkeit ein. Geburtsprozesse mit wachsender Präsenz, Kontaktfähigkeit und Wahrnehmung von Körpersprache und Energiefluss zu begleiten war eine große Bereicherung.

Nebenbei übte ich ein paar gelernte Cranio-Sacral-Handgriffe, wo immer sich mir die Gelegenheit bot, als Entspannungshilfe. Das immer feiner werdende »Gespräch« mit dem

Gewebe unter meinen Händen lockte mich zu einer vertiefenden Ausbildung in dieser einfühlsamen Therapieform.[1] Die vor allem bei unruhigen Babys so erstaunlichen Reaktionen der Entspannung machten mir deutlich, wie sich selbst ein verschreckter Körper doch nach Berührung sehnt. So wechselte ich von der Begleitung während der Geburtswehen ganz allmählich zu einer anderen Tätigkeit als »Wehenmutter« und begann, mich mit den Folgen von Traumen zu beschäftigen. Kolleginnen und Ärzte schickten belastete Frauen und untröstliche Babys.

Nach und nach verfeinerte sich meine Wahrnehmung für Grenzen und Schutzmechanismen und für die individuellen Wege zur Heilung. Der Unterricht für den Heilpraktikerschein für Psychotherapie und das Lernen über Traumatherapie befruchten meine Arbeit noch weiter.

Nun möchte ich Ihnen Körpertherapie für die Heilung Ihrer Geburtsgeschichte vorstellen und einige Faktoren zusammentragen, die Sie Ihrem Ziel näher bringen können. In *kursiver Schrift* lasse ich wieder einige Frauen aus meiner Praxis von ihren Erfahrungen erzählen.

Im Folgenden wird von einer Therapeutin die Rede sein, selbstverständlich können Sie auch einen männlichen Therapeuten wählen.

Sicherheit erleben

Die Umgebung

Ihre Behandlung beginnt bereits, wenn Sie in die Räumlichkeiten kommen, in denen Ihre Therapie stattfinden soll.

In welcher Umgebung könnten Sie sich vorstellen, wieder sicher genug zu sein, um sich Ihren Gefühlen zu öffnen? Wie müsste der Ort aussehen, der Sie so anrührt, dass Sie sich ein Treffen mit einer Körpertherapeutin vorstellen können? In welchem Rahmen würden Sie sich ein gemeinsames Herantasten an Ihre Verletzungen vorstellen können? Was würde für Ihren erschütterten Gemütszustand wichtig sein?

Eine Atmosphäre von Geborgenheit, Sicherheit, Ruhe, Wärme, Schutz kann durch Material, Pflanzen, Farben, Duft, Stille, Licht, Möbel, Raumaufteilung usw. entstehen oder aber auch unmöglich erscheinen.

Das Umfeld ist dann besonders Teil Ihrer Unterstützung, wenn es Ihnen Ihre Begrenzung abnimmt, die Sie selbst zu Ihrer Sicherheit in sich aufgebaut haben. Dadurch dass der Raum den Schutz für eine Weile übernimmt, können Sie in ihm nach und nach die große Anspannung verlassen, mit der Sie sich seit Ihrem Geburtserlebnis vor erneuten Schrecken zu schützen versuchen.

Die Therapeutin

Die Therapeutin erweckt mit ihrer Person die Qualitäten des Raumes zum Leben. Wenn Sie bei sich und anderen Menschen die Sie umgebende Wärmehülle wahrnehmen, so beginnt Ihrer beider Begegnung schon weit vor dem Anfassen, einfach durch ihre Anwesenheit im Raum mit Ihnen.

Zu dieser Berührungsqualität der Therapeutin werden Sie, vielleicht ohne es zu merken, schon Vertrauen fassen. Über ihre Kompetenz und Methode werden Sie sich vorher informiert haben, verschiedene Menschen werden sie Ihnen empfohlen haben.

Eine weitere »Berührung« Ihrer Therapeutin wird das Gespräch sein, bei dem Sie ihr vom Grund Ihres Kommens erzählen. Vielleicht ist es Ihnen zu Beginn wichtig, die Schweigepflicht zu betonen, um sich auch mit Gedanken zu offenbaren, die mit eventuellen Scham- oder Schuldgefühlen und mit belastenden Geheimnissen befasst sind.

Wie sehr Sie selbst im Gespräch Kontakt zu Ihrer Verletzung aufnehmen können, wird auch von der Aufmerksamkeit abhängen, die die Therapeutin Ihnen mit ihren Fragen entgegenbringt. Mit ihrer Art zuzuhören und nachzufragen kann sie Ihnen ermöglichen, mit sich selbst ebenso behutsam und aufmerksam umzugehen.

Mit welchen Gefühlen und Gedanken Sie sich zeigen wollen, hängt von dem Verständnis und dem Mitgefühl ab, das Ihnen die Therapeutin entgegenbringt. Wenn sie Sie mit Respekt behandelt und Ihre Grenzen achtet, werden Sie sich während der Stunden mit ihr sicher und geschützt fühlen.

Ihr Platz

Ihr Platz im Therapieraum muss für Sie stimmig sein. Bei der Geburt Ihres Kindes sind Ihre Grenzen überschritten worden – von Menschen, von Schmerzen, vom Schicksal – und das vielleicht nicht zum ersten Mal in Ihrem Leben. Hier im Raum wollen Sie nun andere Erfahrungen machen, um aus Ihrer Erstarrung tief im Inneren wieder zurück zu mehr Ausdehnung zu kommen. Dazu brauchen Sie erst einmal den für Sie richtigen Abstand oder das für Sie angemessene Maß an Nähe, damit sich Ihre Konzentration auf Ihre Empfindungen richten kann und der Aufmerksamkeitsstrom nicht nur damit beschäftigt ist, sich vor der Therapeutin zu schützen.

Das Miteinander

Im Gespräch, während Sie einen »Vertrag« für die Zeit Ihrer Zusammenarbeit entwerfen, Sie Ihre Erwartungen äußern und die Therapeutin Ihnen ihre Möglichkeiten aufzeigt, deutet sich für Ihre Selbstheilungskräfte schon ein größerer Entfaltungsspielraum an. Ihre Sicherheit wächst durch die Atmosphäre, die Worte, die Anwesenheit der Therapeutin – ein behutsames Sich-Annähern und nicht vorrangig körperliches Anfassen. Wenn Sie Ihre Antennen auch auf dieses Zusammenspiel mit ihr richten und darauf, was Sie dabei empfinden, schaffen Sie gute Voraussetzungen für Ihre Heilungsreise.

Wahrnehmungen lenken

Wahrnehmung Ihrer Grenzen

Während das Vertrauen zu Ihrer Therapeutin wächst, ist ein entscheidender Aspekt der körpertherapeutischen Arbeit, dass Sie Ihre vorhandenen persönlichen Grenzen achten. Wegen der bei der Geburt erlebten Grenzüberschreitung, bei der bewährte seelische Schutzwälle überrollt wurden, sind Sie verletzlicher und die »inneren Warnanlagen« springen schneller an.

Das wiederum behindert »die Künstler in der Werkstatt Ihrer Selbstheilungskräfte«, die gern wieder ein fein zu regulierendes System zu Ihrem Schutz gestalten wollen. Diese Kräfte in Ihnen brauchen Ruhe und eine entspannte Neugier, um ihre Kreativität entfalten zu können. Alterprobtes muss überarbeitet und durch die jüngsten Erfahrungen ergänzt werden. Die daraus neu entstehenden Schutzmechanismen müssen geprüft werden, damit sie zu Ihrem Nutzen zur Verfügung stehen können. Bleibt Ihre Umgebung aber potenziell beunruhigend, so ziehen sie einfach schnell starre Mauern hoch und Sie können keine Fortschritte machen. Wo ist der Platz im Raum, an dem Ihre Sirenen nicht so schnell anspringen?

Karin setzte ihren Stuhl um: »*Ich muss die Tür im Blick haben.*« Maike erhob sich in einer Stunde plötzlich und meinte: »*Ich zieh jetzt mit dem Sitzkissen da hinten in die Ecke und guck Sie auch beim Reden nicht mehr an!*« Bei Bärbel verfuhr ich andersherum. Ich bewegte mich im Raum und forderte sie auf, mich an den für sie besten Platz im Raum zu dirigieren. »*Noch einen Schritt weiter nach hinten. – Ja, jetzt ist es gut so!*«

Eine geleitete Fantasiereise »zum sicheren Ort« kann beruhigen. Vielleicht wollen Sie dafür auch zunächst auf Ihrem Stuhl in einiger Entfernung von der Therapeutin sitzen bleiben und die Augen offen behalten. Bei Jana tauchten schnell hilfreiche Bilder auf und sie meinte hinterher: »*Jetzt kann ich mich auch zu Hause dahin retten, wenn mich die Angst überfällt!*«

Obgleich Sie sich für eine Körperarbeit wie z.B. die Cranio-Sacral-Therapie entschieden haben, bleibt es Ihre bewusste Entscheidung, wann für Sie der passende Zeitpunkt gekommen ist, sich auf eine Behandlungsliege oder Matratze zu begeben.

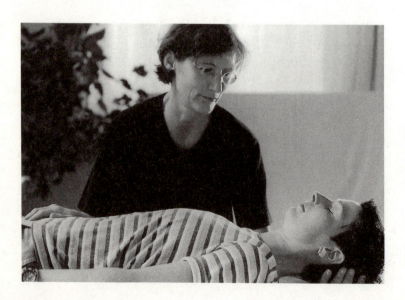

Was werden Sie dann antworten auf die Frage »*Ist die Lage gut so oder brauchen Sie noch Kissen?*«? Vielleicht »*Ach, es geht schon!*«? Vielleicht fällt es Ihnen wie vielen anderen Frauen nach einem Trauma schwer, für Ihre Bedürfnisse überhaupt ein Gespür zu haben, geschweige denn aktiv für sie zu sorgen oder sie zu äußern. Sie erahnen und folgen vielleicht erst einmal leichter den Anforderungen, die sie glauben, erfüllen zu müssen, weil das mehr Sicherheit verspricht.

Auf diese Weise lassen Sie eventuell etwas geschehen, von dem Sie erst später merken, dass es nicht gut getan hat.

»*Oh, wie gut, dass Sie fragen. Eigentlich weiß ich, dass ich gar nicht mehr richtig da war. Das mach ich glaub ich öfter!*« Wissen Sie noch, an welchem Punkt Ihr Rückzug begonnen hat und wie Sie sich innerlich entfernt haben? – Auch solche Erfahrungen sind wertvoll, um bewusster mit den Schutzmechanismen umgehen zu können.

Wahrnehmung von Körpersensationen und Gefühlen

Körperbild

Der Radius Ihrer Aufmerksamkeit kann sich nach und nach verändern. Nachdem Ihre Umgebung und die Therapeutin in Ihrer Nähe von Ihrem Warnsystem als sicher eingestuft worden sind, können Sie sich jetzt mehr auf sich und Ihren Körper konzentrieren.

Sie können versuchen, Ihren Körper bildhaft zu beschreiben. Wie würden Sie sich malen, welche Farben würden Sie verwenden oder aus welchem Material würden Sie sich modellieren? Wenn Sie Ihr Bild vor und dann noch einmal am Ende der Stunde beschreiben, wird die Wirkung Ihrer Arbeit für Sie fassbarer.

»Meine Beine sind wie zwei Holzstöcke!« – »Mein Kopf ist eine taube Nuss!« – »Im Bauch ist ein schwarzes Nichts.« – »Mein ganzer Körper ist wie ein Dampfdrucktopf!« – »Mein Brustkorb ist jetzt wie ein gläserner Fahrstuhl.« – »Jetzt fühl ich mich leicht wie eine Feder und gleichzeitig so, als wär ich mit der Matratze verschmolzen!«

Hier und in vielen anderen Zusammenhängen lassen sich auch kreative Methoden wunderbar zu Hilfe nehmen. Auch die Kreativität ist ein Fenster Ihrer Seele!

Körpersensationen

Zu gegebener Zeit sind Sie bereit, auf Ihre Empfindungen zu lauschen, körperliche Reaktionen zu beachten, die im Miteinander oder durch die Berührungen Ihrer Therapeutin entstehen.

Angela entdeckte die Enge in ihrem Brustkorb, die sich wie ein Zugriff von zwei fest geballten Händen anfühlte. In ihrer Fantasie konnte sie sich schnell dort einen Schutzpatron vorstellen, der wachsam und aufrecht sitzend schon seit langen Jahren mit dem Druck seiner Hände auf Gefahrensituationen aufmerksam machte. Nach einem Gespräch mit ihm war sie ihm viel wohlgesonnener und dankbar für seine Arbeit. »*Ich wollte diese Enge immer nicht haben und hab gegen sie angekämpft.*«

Tina beobachtete eine ähnlich hilfreiche Funktion einer immer wieder auftauchenden Spannung: »*Die Anspannung in meinem Nacken ist mein Wachturm, der mit höchster Konzentration alles um mich her ganz genau verfolgt. Jetzt kann ich mir erklären, wann und wodurch ich immer Kopfweh bekomme!*«

Es entlastet, sich mit wiederkehrenden Körpersensationen vertraut zu machen. Vielleicht tauchen wie Signallichter zuerst deutlicher die unangenehmen Empfindungen auf. Sie können aber auch Ihre Aufmerksamkeit zu Körperregionen

lenken, wo ein Wohlgefühl zu Hause ist, und beobachten, wie und wodurch es sich ausbreiten kann.
»*Meine Brust fühlt sich ganz warm und weich an! Da muss ich gleich an meine kleine Martha denken und schon wird mir überall ganz warm.*« – »*Oh, auf einmal schwimmt mein Baby ganz anders in meinem Bauch. Das hab ich noch gar nicht so stark gefühlt! Wie schön!*« – »*Jetzt schwingt irgendwas in mir, wie auf einer großen Schiffsschaukel, rauf und runter!*«

Gefühle und Gedanken

Beachten Sie auch, wie unmittelbar Ihre Körpersensationen Einfluss nehmen auf Ihre Gefühle und Gedanken:
»*Mein Brustkorb ist ganz starr, als läge da ein schwerer Stein drauf. Es fühlt sich an, als wäre darunter ein Topf voller Tränen! Wie eine Warnleuchte kommt sofort der Gedanke auf: Bloß jetzt nicht dran rühren, dann hör ich nicht wieder auf zu schluchzen! Oh, jetzt schnürt sich mein Hals zu ...*«

Wahrnehmung von Schutzmechanismen

Automatische Schutzreaktionen

Die Körperbereiche, die auf »Hab-Acht-Position« sind und vorrangig das Aufpassen übernommen haben, melden sich meist als Erste. Sie können Ihre Wahrnehmung auf die dort auftauchenden Sensationen lenken, ohne den Zustand verändern zu müssen: Einfach nur spüren, wie gut Ihr Körper für Sie sorgt!

Beim Austausch über Ihre Beobachtungen und die der Therapeutin wird Ihnen die Funktion so einer Körperreaktion verständlich. So wandelt sich der Blick von der Störung, vom Ausgeliefertsein zur Fähigkeit.

Aktiver Einsatz von Schutz und Öffnung

Von da ist es nicht mehr weit, Ihre Fähigkeit bewusst zu Ihrem Nutzen einzusetzen und dadurch wieder besser für sich selbst zu sorgen. Sie werden immer öfter aktiv entscheiden, wo Sie Schutz brauchen und wo Sie ihn vorsichtig ablegen können.

Sie werden in der Therapiestunde als Ihrem Übungsfeld immer klarer deutlich machen, was sie nicht möchten, was Ihnen unangenehm ist oder was Sie brauchen.

Stefanie hatte in einer Stunde die Cranio-Sacral-Behandlung sehr genossen und sich sichtbar hingebungsvoll entfaltet. In der nächsten Woche wollte sie ihre Grenzen wieder aufbauen. *»In meiner jetzigen Lebenssituation muss ich mich mehr zusammenhalten, sonst tut sie zu sehr weh!«* So übte sie mit Atem und Visualisation das Aufbauen eines Schutz-Schirmes um sie herum.

»Ich hab so ein Kribbeln überall unter der Haut, als wär alles eingeschlafen – brrrrr, unangenehm!« Früher waren das bei Angelika die ersten Signale von zunehmender Erregung, die sie in lähmende Angst versetzte. Jetzt fängt sie an, sich mit den Händen über den Körper zu streichen, als würde sie sich von ekligen Spinnfäden befreien. Ihre Geräusche dabei drücken Ihren Ekel und immer lauter werdenden Widerwillen und Ärger aus. *»Weg, weg, weg!!!«*

Kirsten entschied auf andere Weise: *»Als die Beunruhigung mir gerade wieder in den Rücken fuhr, entschied ich mich, dieses Mal mit geöffneten Augen einfach ein paar tiefere, langsame Atemzüge zu nehmen, wie Sie es beim letzten Mal vorgeschlagen hatten, und der Spannung im Rücken zuzuschauen. Tatsächlich hat mein Rücken mein geistiges › Wir sind hier sicher‹ akzeptiert und sich langsam wieder entspannt.«*

Sie sammeln Erfahrung über Ihren Weg zu mehr Entspannung.

Entspannung finden

Eigene Wege entdecken

Mit mehr Selbstwahrnehmung der eigenen Grenzen, der Körpersensationen, der Gefühle und Schutzmechanismen wird immer mehr körperliche Behandlung möglich. Damit Ihr inneres Halten sich eine Pause genehmigen kann, werden Sie dafür Ihre Lage wählen und sich eventuell noch mit Kissen Stütze geben. Das Einhüllen in eine vorgewärmte Decke genießen meine Klientinnen meist sehr.

Bei der Cranio-Sacral-Arbeit wird Ihr Körper die Hände der Therapeutin leiten. Sie entdeckt mit ihren Berührungen, wo die Angst im Körper das Gewebe zusammenhält und auf welchem Wege wieder Lösung und mehr Durchflutung und Rhythmus möglich werden. Sie lenkt Ihr Bewusstsein zu diesen Prozessen und Sie werden merken, wie z.b. Ihr Körper von selbst bei Bedarf in eine andere Lage wechselt. Dabei lernen Sie immer mehr, Ihren Impulsen wieder zu trauen und zu folgen.

Sobald Ihre Lebensenergie wieder Ausdehnung und Fließen erfahren darf, stellt sich mehr Wohlgefühl ein. Und so ist Heilung möglich!

Dabei entsteht zunehmend eine aktivere Mitgestaltung der therapeutischen Situation, ein Hinweis darauf, dass Sie Ihre Bedürfnisse wieder klarer bemerken, Ihr Selbstbewusstsein zurückkehrt.

»Ich möchte mich heute mit dem Rücken an die Heizung lehnen! Ich bin so erschöpft und leer!« – »Geben Sie mir noch mehr Kissen? Ich könnte völlig in einer Höhle verschwinden!« – »Ich male mal auf Ihre Flipchart, wie sich mein Körper anfühlt.« – »Warten Sie mit dem Beginn der Berührung bitte noch etwas länger, bis ich

Bescheid sage? Ich brauch, glaub ich, länger, um ganz genau in mich hineinzuhören.« – »Meine Füße sind so kalt und weit weg. Können Sie denen mal was Gutes tun?«

Geborgenheit erfahren

Darf ein Teil der Schutzmechanismen schmelzen bei wachsendem Vertrauen, so fließen oft Tränen. Sehnsucht taucht auf nach Gehaltenwerden, nach jemandem, der sagt: »*Es ist alles wieder gut!*« Auch andere Gefühle können hochkommen und mit Worten, Mimik, Körpersprache, Stimme ausgedrückt werden.

Sicher werden Sie sich hinterher erlöster, aber auch erschöpft fühlen von Ihrer seelischen Arbeit. Deshalb ist es gut, wenn Sie anschließend an Ihre Therapiesitzung noch Zeit für sich einplanen.

Sie werden sich anfangs von diesen Stunden abhängig wie von einer »Tankstelle« fühlen und Ihrer Therapeutin gegenüber eine erstaunliche Anhänglichkeit entwickeln. Genießen Sie vorerst den Trost, kosten Sie den Schonraum aus, in dem Sie sich wieder mehr entfalten können, raus aus der Lähmung des Schreckens.

Sie hatten sich vielleicht vorgestellt, Sie würden sich einfach hinlegen und die Therapeutin macht dann ihre Handgriffe, und hinterher geht's Ihnen besser? Wie Sie jetzt vielleicht wissen, kann es einige gemeinsame Stunden dauern, bis Sie mit Ihrer Wahrnehmung und der Körperberührung zu einer Besserung Ihrer Symptome kommen. In Ihren Zellen, im Nervensystem, in Ihrem ganzen Sein sitzt die Furcht vor einer Wiederholung Ihres Erlebnisses, wovor Sie sich zum Glück unbewusst behüten.

Erinnerungen begegnen

Während der Geburt konnten Sie sich nicht wehren. Jetzt in der Therapie, wenn das anfängliche Abtasten und die Angst vor erneuter Verletzung nicht mehr so im Vordergrund stehen, haben Sie Ihre Fähigkeit zurückerobert, für sich zu sorgen. Bei jedem noch so kleinen Anflug von Unbehagen, das bei einer Berührung entsteht, können Sie beispielsweise die Augen öffnen, die Haltung verändern, den Atem bewusst vertiefen, Ihre Wahrnehmung aussprechen, Ihren Impulsen folgen ... – Ihnen steht wieder eine Vielzahl von Möglichkeiten zur Verfügung!

Verlass auf Ihre neuen Fähigkeiten

Dadurch bekommen Sie wieder Anschluss an Ihre Kräfte. Sie werden Ihre Sicherheit im Hier und Jetzt erleben. Sie werden immer kompetenter, es auch mit stärkeren Emotionen aufzunehmen, die mit auftauchenden Erinnerungen einhergehen.

> Man darf sich nur unter der Bedingung umschauen,
> dass die Füße vorwärts gehen.
>
> *Zeruya Shalev, Mann und Frau*

Das »Körpergedächtnis«

So als hätte tatsächlich jede Zelle ein Gedächtnis, können bestimmte Berührungen oder Bewegungen Erinnerungen an die Geburt Ihres Kindes hervorrufen oder auch andere Traumen Ihrer Lebensgeschichte an den Tag bringen, die Sie lange im Vergessen aufbewahrt hatten. Mit ausreichend Schutz und Verlass auf die eigenen Fähigkeiten werden Sie stark genug sein,

Ihren Schmerz, Ihren Verlust, Ihre Verletzung, Ihr Schicksal anzusehen. Die Energie, die Sie heute noch aufwenden müssen, um alle Schrecken zu bannen, steht Ihnen danach wieder für Ihr Leben zur Verfügung.

Nach einiger Zeit werden Sie sich wieder mehr Ihrer Welt »draußen« zuwenden, bereit für einen Abschied sein und auch ohne die Therapiestunden Ihre erstarkten Selbstheilungskräfte und Ihren Lebensmut spüren und selbst weiterentwickeln.

➤ Und wie geht's weiter im Buch?

Es folgt der Abschnitt mit umfangreichen Selbsthilfevorschlägen. Die daran anschließenden Kapitel drehen sich um das Erleben des Kindes. Auch die Sorgfalt für Sie als Eltern kommt nicht zu kurz, damit Sie Ihrem Kind Begleitung und Unterstützung sein können.

8

Selbsthilfemethoden zur Heilung

Aus dem Leiden der Seele geht jede Schöpfung hervor.

C.G. Jung

Nachdem Sie Ihr Reiseziel bestimmt haben, Ihre Kondition bedacht und genügend Information über die Wege zur Heilung eingeholt und schon mit den Vorbereitungen begonnen haben, finden Sie jetzt hier eine Auswahl von »Fortbewegungsmitteln«, den Methoden für Ihre Selbsthilfe.

Die grundsätzliche Beschreibung einer Methode steht immer am Anfang in einem Rahmen. Dort finden sich auch besondere Hinweise sowie das jeweils angestrebte Ziel. Die dazu passenden Übungen werden mit einem Symbol versehen.

Wählen Sie *immer nur eine Übung* zu einer bestimmten Zeit aus und wiederholen Sie diese einige Male im Laufe der Wochen. Einige Aufgaben lassen sich nach einer Zeit, wenn Sie genügend Erfahrungen gesammelt haben, auch mit anderen kombinieren – auch verschiedene Methoden lassen sich miteinander kombinieren. Aber tun Sie nicht zu viel auf einmal!

Übersicht der Selbsthilfevorschläge

Bewegungsübungen: ab S. 96
Glaskugel-Tanz: S. 97
Schütteln: S. 98
Laufen: S. 98
Übungen mit den Armen: S. 99
Sportverein: S. 99

Fantasiereisen: ab S. 100
Reise zur inneren Weisheit: S. 101
Reise zum Ort der Heilung: S. 102
Strandgut abwerfen: S. 102
Reise zur Weiblichkeit: S. 103
Körpergespräch: S. 104

Geistige Arbeit: ab S. 105
Gefühle des Versagens überwinden: S. 105
Entschuldigung: S. 107
Modell der Ich-Zustände: S. 108
Innere Stimmen: S. 109
Glaubenssätze: S. 113
Paradigmenwechsel: S. 114

Ausdruck und Stimme: ab S. 117
Lieblingslied: S. 117
Tanz: S. 118
Die Wut mobilisieren: S. 118

Schreiben: ab S. 119
Bericht über die Geburt: S. 119
Brief an die Geburtshelfer: S. 121
Ersehnte Antwort: S. 121
Gegengeschichte: S. 122

Übersicht der Selbsthilfevorschläge

Schreiben und Malen: S. 122
Märchen: S. 122
Album der Erinnerung: S. 123
Brief an Ihr Kind: S. 123

Kreatives Gestalten: ab S. 124
Töpfern: S. 125
Ton schlagen: S. 125
Die Hände wissen: S. 126
Schutzgestalt: S. 126
Medizin-Perlen: S. 126
Schild: S. 126
Hekate: S. 126
Medusas Haupt: S. 127
Bild oder Collage S. 127
Bild der Geburt: S. 128
Bild von der Zeit vor der Geburt: S. 128
Körperbild der Gesundung: S. 128
Lebensweg zur Heilung: S. 128
Übermalen des Alten: S. 129

Selbstmassage: ab S. 129
Skulptur: S. 130
Klopfmassage: S. 130
Bauchmassage: S. 131
Dammmassage: S. 132

Rituale: ab S. 132
Abschied und Neubeginn: S. 133
Von Schuld reinwaschen: S. 134
Beppo Straßenkehrer: S. 134
Dem Feuer übergeben: S. 135
Wanderung: S. 136
Überlebensfest: S. 136

Bewegungsübungen

Während Sie Ihr Geburtstrauma erlebten, konnten Sie nicht fliehen und Ihr Körper hat auf eine ganz archaische Weise reagiert, um Sie zu schützen: Er hat fast seine gesamte Energie weit nach innen gezogen und hält da sicherheitshalber immer noch einen großen Teil Ihrer Lebenskraft fest.

Sie konnten nicht weglaufen und sich nicht wehren. Aber das ist zum Glück vorbei! Jetzt brauchen Sie einen Platz, an dem Sie merken, dass Sie wieder Ihre Beine benutzen, dass Sie laufen und treten und auch mit aller Kraft Ihre Arme benutzen können.

Gehen Sie jedoch mit Ihren Bewegungsübungen achtsam vor. Sie wollen Ihre Kräfte stärken und Ihrem Körper gute Signale geben.

Je ungestörter der Ort ist, an dem Sie üben, je liebevoller Ihre Haltung zu sich, je mehr Vergnügen Sie an Ihren Übungen entwickeln, desto leichter befreit sich dabei nach und nach die festgehaltene Energie.

Dazu gehören auch die Pausen, in denen Sie sich einfach ausruhen!

Hinweis: Führen Sie alle Übungen behutsam aus, gehen Sie nicht über Ihre Grenzen, legen Sie *viele* Verschnaufpausen ein!

Beginnen Sie die Zeit, die Sie für Bewegungsübungen vorgesehen haben, immer mit einer ruhigen, inneren Reise durch Ihren Körper im Sitzen oder mit einer Bewegungsmeditation im Stehen (s. Vorbereitungen, S. 65). Bei allen folgenden Übungen können Sie dadurch Ihre Körpersensationen und Emotionen besser wahrnehmen und dafür sorgen, dass Sie sich nicht überfordern.

Ziel: Wecken Sie erst Ihre innere Achtsamkeit. Erinnern Sie anschließend Ihren Körper an seine »Flucht-und-Kampf-Fähigkeiten« und holen Sie nach, was in der Situation der Geburt nicht möglich war. Locken Sie Ihre Lebensenergie hervor, bringen Sie sich wieder in Bewegung!

Ob Sie sogar täglich Ihre Übungen durchführen können? Ich weiß, dass das Leben schon so viel Kraft und Organisationstalent von Ihnen fordert, um allen Aufgaben gerecht zu werden. Gibt es eine ungeschriebene Regel, die sagt, dass Sie mit sich selbst aber keine Termine vereinbaren und einhalten dürfen?

Suchen Sie sich eventuell eine regelmäßige Gruppe, in der Sie mit anderen zusammen Ihre Lust an der Bewegung wieder beleben können.

Hinweis: Es kommt nicht auf die Menge der Übungen an! Suchen Sie sich *eine* Übung aus, führen Sie sie achtsam aus und beobachten Sie dabei Ihre Körpersensationen, Gefühle und Gedanken.

❐ Glaskugel-Tanz

Legen Sie sich eine ruhige Musik auf. Stellen Sie sich mit hüftweit auseinander stehenden Füßen an einen Platz im Raum, wo Sie ringsum, wenn Sie die Arme ausstrecken würden, nichts erreichen könnten. Bleiben Sie ein Weilchen aufrecht mit hängenden Armen ruhig stehen, lauschen Sie der Musik und lassen Sie Ihren Körper ganz sacht ins Schwingen geraten. Ihre Füße geben Ihrem Körper stabilen Halt am Boden, und Sie bleiben während aller Bewegungen auf einer Stelle stehen.

Nun beginnen Sie mit Ihren Händen und Armen wie in Zeitlupe den Raum um Sie herum – neben und vor Ihnen, aber auch hinter und über Ihnen und bis nach unten zu den Füßen – zu ertasten. Nehmen Sie den ganzen Körper mit allen ihm möglichen Drehungen, Dehnungen, Beugungen usw. zu Hilfe und erobern Sie zunehmend mehr Platz um sich her. Schaffen Sie sich dabei eine Hülle – als stünden Sie in einer großen Glaskugel oder Blase. Welches Bild gefällt Ihnen? Aus welchem Material ist Ihre Kugel?

Genießen Sie den Raum um sich und die größere Ausdehnung! Vielleicht wollen Sie nach einer Weile weitertanzen und auch die Beine noch von der Stelle bewegen, um noch mehr Platz zu erobern.

Lassen Sie die Bewegungen ausklingen, bleiben Sie wieder wie zu Beginn entspannt aufrecht stehen und spüren Sie Ihren Körpersensationen nach. Hat sich etwas verändert? Spüren Sie mehr Ausdehnung?

❐ **Schütteln**

Stehen Sie aufrecht, die Füße hüftweit auseinander, Knie leicht eingeknickt (weich). Mit den Beinen beginnend lassen Sie ein Schütteln, Zittern, Vibrieren entstehen und sich im gesamten Körper ausbreiten. Schütteln Sie sich fünf Minuten oder solange es Ihnen gefällt. – Pause.

❐ **Laufen**

Auf der Stelle laufen: langsam, schneller, noch schneller, wieder langsamer ..., solange Sie es gern tun. (Oder Seilhüpfen!) Dabei Töne machen, schnaufen ...! – Pause.

Oder wenn Sie lieber mit den Beinen kicken, sie ausschütteln oder gegen Kissen treten – ja, mit Vergnügen! Dabei immer die Augen auf, die Stimme benutzen und wieder eine Verschnaufpause einlegen.

Bewegungsübungen

☐ Übungen mit den Armen

- Beim Ausatmen: Ellenbogen nach hinten stoßen, mehrmals abwechselnd rechts und links. – Pause
- Beim Ausatmen: geballte Fäuste nach vorn stoßen, mehrmals abwechselnd rechts und links. – Pause
- Beim Einatmen Arme nach oben schwingen, nach hinten lehnen und weit ausholen – beim Ausatmen mit Armen und Körper kraftvoll nach unten schwingen, Arme schaukeln zwischen den Beinen aus. Mehrmals auf und ab – Pause
- Beim Ausatmen: Kissen gegen die Wand werfen, nur los!!
- Sooft Sie mögen, so laut, wie Sie mögen, die Augen offen halten, und immer wieder zwischendurch Pausen einlegen!

Hinweis
Bringen Sie sich nicht in Rage oder Erschöpfung!

☐ Sportverein

Manche Frauen suchen sich nach der Rückbildungsgymnastik eine aktive Sportart wie Squash, Tennis, Selbstverteidigung, Judo, Aikido, Yoga usw.

Mitglied in einem Verein, mit einer Freundin oder in einer festen Gruppe verabredet zu sein hilft über den inneren Schweinehund hinweg, der immer Ausreden findet, wieder nichts für sich zu tun!

Fantasiereisen[1]

Mit unserer Fantasie können wir uns bewusst an andere Orte bewegen. Dabei wählen wir natürlich für unsere Heilung solche, die heilsam auf uns wirken. Unser Körper reagiert darauf ganz unmittelbar und prüft nicht den Realitätsgrad. Sie kennen die Stärke dieses Einflusses aus Ihren unbewussten Fantasien, den Träumen. Oft wachen wir auf und stehen gefühlsmäßig noch ganz stark unter dem Einfluss dessen, was wir gerade geträumt haben, als wäre es real geschehen. Ortrud Grön[2] nennt unsere Träume »die Werkstatt des geistigen Lebens«.

Die Kraft innerer Bilder wird in der Traumtherapie und auch von Traumatherapeuten zur Genesung genutzt. In anderen Kulturen sind Visualisierungen Teil von Heilungszeremonien.

Lesen Sie zunächst die vorgeschlagenen Reisen, wählen Sie eine für sich aus, setzen Sie sich dann bequem auf einen Stuhl und leiten Sie Ihre Fantasie in vorgeschlagener Weise. Falls es Ihnen leichter fällt, lassen Sie sich von einer Freundin oder Ihrem Partner langsam die Reise vorlesen, oder lesen Sie sich selbst den Text mit einer Tonbandaufzeichnung vor.

Hinweis: Ihre Fantasie kann jede Reise so verändern, dass sie wohltuend für sie verläuft!

Zur Vertiefung können Sie hinterher malen, was Sie erlebt haben, oder sich ein Bild, ein Foto, eine Postkarte ... als Erinnerung dafür suchen.

Falls Sie heute keinen rechten Erfolg haben, Bilder in Ihrer Fantasie auftauchen zu lassen, probieren Sie es morgen einfach wieder. Wiederholen Sie die Reise, die Ihnen gefällt, immer einmal wieder auf dem Weg Ihrer Heilung, bevor Sie eine weitere ausprobieren.

> **Ziel:** Innere Bilder stärken Ihre kreativen Fähigkeiten und Ihre Fähigkeit, sich selbst zu heilen.
>
> **Hinweis:** Es kommt nicht auf die Menge der Übungen an! Suchen Sie sich eine Reise aus, führen Sie sie achtsam aus und beobachten Sie Ihre Körpersensationen, Gefühle und Gedanken.

☐ **Reise zur inneren Weisheit**

Sie werden auf dieser Reise Ihrer inneren Weisheit begegnen. Sie ist in Ihrem Körper zu Hause und wartet schon auf Sie. Sie freut sich, dass Sie mit ihr ins Gespräch kommen wollen. Damit Sie leichter mit ihr sprechen können, geben Sie ihr eine Gestalt. Wie sieht sie aus? Wie riecht sie? Wie klingt ihre Stimme? Wie bewegt sie sich? In welcher Umgebung heißt sie Sie willkommen? Malen Sie sich mit allen Sinnen diese Begegnung aus. Sie können sie um Hilfe bei Ihrer Heilung bitten. Was möchten Sie fragen? Was sagt sie zu Ihnen? Kosten Sie die Begegnung aus und lassen Sie in aller Ruhe Bilder und Gedanken auftauchen.

Wenn Sie den Besuch bei Ihrer inneren Weisheit für heute beenden wollen, gibt sie Ihnen noch ein Geschenk, ein Symbol mit, das Sie immer an Ihre Begegnung erinnern wird. Lassen Sie es auf sich wirken. Bedanken Sie sich für das Gespräch.

Atmen Sie einige Male tief durch und kommen Sie mit Ihrer Aufmerksamkeit wieder in den Raum zurück.

Wenn Sie während dieser Fantasiereise ein Geschenk erhalten haben, können Sie sich hinterher ein entsprechendes reales Symbol suchen. Dieses nehmen Sie dann zur Hand, wenn Sie einmal wieder Ihre innere Weisheit besuchen wollen.

❐ Reise zum Ort der Heilung

Wenn Sie ein Tier wären – mit gesunden Instinkten und von starker Natur – und müssten nach einer Verletzung heilen, welchen sicheren Ort würden Sie aufsuchen? Wie sieht es dort an Ihrem Ort der Heilung aus? Wie riecht es, was hören Ihre Ohren, welche Temperatur herrscht dort? Was tun Sie, um den Platz noch sicherer für sich zu gestalten? Was finden Sie vor, das Ihre Heilung fördern wird? Wenn Sie noch etwas verbessern können, tun Sie es jetzt und jederzeit später. Gibt es Wesen, die für Sie sorgen, oder sind Sie lieber allein? Wo befinden Sie sich in dem Raum? Wie sehen Sie selbst aus? Was tun Sie, was brauchen Sie während Ihrer Heilung? Geben Sie sich Zeit, die wohltuende Sicherheit mit allen Sinnen zu kosten!

Lassen Sie in Ihrem Gesicht den Ausdruck entstehen, den Sie mit diesem Ort für Ihre Heilung verbinden. Nehmen Sie diesen Gesichtsausdruck wieder mit in Ihre Gegenwart als Mensch. Auch in Zukunft können Sie mithilfe Ihrer Fantasie leicht und schnell wieder an Ihren inneren heilkräftigen Ort gelangen, wenn Sie es brauchen.

Spüren Sie hier und jetzt Ihren Sitzplatz, Ihren Körper, Ihre Umgebung. Rekeln und recken Sie sich.

❐ Strandgut abwerfen

Stellen Sie sich vor, Sie wären an einem windstillen, warmen Tag am Strand und würden dem Auf und Ab der Wellen zusehen. Das Meer spült eine Welle an den Strand, das Wasser ergießt sich, wirft einiges an den Strand und zieht sich dann wieder in die Fülle und Größe des Meeres zurück. Steter Rhythmus: sich verströmen und reinigen, sich füllen und Kräfte sammeln – sich verströmen und reinigen, sich füllen und Kräfte sammeln.

Fantasiereisen

Schwingen Sie sich mit Ihrem Atem und Ihren Bewegungen in das Auf und Ab des Meeres mit ein: Ausatmen – verströmen und reinigen; einatmen – Kräfte sammeln und sich füllen.

Gibt es »Strandgut«, das Sie abwerfen wollen? Werfen Sie es beim Ausatmen an den Strand. Falls Sie mehr Kraft dafür benötigen, lassen Sie Wind aufkommen und Ihre Atem-Wellen höher schlagen, den Atem kräftiger und lauter werden, Ihr Atem strömt geräuschvoll aus dem Mund!

Wenn Sie Ihr »Körper-Meer« für diesen Moment genug gereinigt haben, lassen Sie Ihren Atem wieder frei fließen und lenken Sie Ihre Aufmerksamkeit zurück in den Raum. Rekeln und strecken Sie sich!

❏ Reise zur Weiblichkeit

Beginnen Sie mit einer entspannenden Reise durch den Körper (s. Reisevorbereitungen, S. 65), bis Sie auf Ihrem Platz zur Ruhe gekommen sind und Ihre Fantasie auf eine Reise schicken mögen.

Stellen Sie sich nun ein Leuchten vor, wärmendes Licht, mit dem Sie bei jedem Ausatmen Ihre weibliche Schönheit umhüllen. Sehen Sie Ihre weibliche Natur, Ihre Zartheit und Ihre Stärke in schönstem Licht.

Beim nächsten Einatmen nehmen Sie dieses Licht auch in sich auf und lassen sich ganz von seiner heilsamen Wärme erfüllen. Lassen Sie das Licht in Ihren Körper ein, es kann Sie ganz ausfüllen. Sie erreichen so auch Ihren inneren weiblichen Raum – einen Körperbereich, der mit Angst besetzt ist, in dem Sie Schmerz erlitten haben, sich verwundet fühlen. Das Leuchten füllt auch diesen Raum mit Liebe und lässt mit jedem Atemzug die Angst, die Schmerzen, die Wunden kleiner werden, bis alles Leid in Ihrem Schoß verwandelt ist. Spüren Sie Frieden und Heilung in sich und um Sie herum.

Breiten Sie Ihre Arme weit um sich her aus, dehnen und recken Sie sich, seufzen Sie und vertrauen Sie auf Ihren Heilungsprozess.

❒ **Körpergespräch**

Gehen Sie mit Humor an diese Übung!

Stellen Sie sich zwei gegenüberstehende Stühle vor, vielleicht auch einen Tisch dazwischen – setzen Sie sich gedanklich auf den einen Stuhl. Geben Sie der Körperregion, die Ihnen Probleme bereitet, eine Gestalt, einen Namen usw., als wäre sie eine Freundin, mit der es einen Konflikt gibt. Nun warten Sie, bis diese Gestalt sich zu Ihnen setzt, damit Sie mit ihr ein klärendes Gespräch führen können. Braucht sie noch eine besondere Einladung oder Zusicherung, bevor sie kommen mag? Braucht sie sonst noch etwas, um sich willkommen zu fühlen und offen für ein Gespräch mit Ihnen zu sein?

Sobald Sie beide einverstanden sind, erzählen Sie ihr einmal ausführlich, wie es Ihnen mit ihr geht. Sie können sich und Ihrer Körperregion eine laut hörbare Stimme geben oder still für sich in Gedanken die Unterhaltung führen. Sprechen Sie von sich und Ihren Gefühlen, verschrecken Sie sie nicht mit Vorwürfen.

Anschließend bitten Sie sie, sich auch einmal alles von der Seele zu reden, was sie belastet. Hören Sie einfach nur aufmerksam zu. Atmen Sie durch, wenn sie alles gesagt hat. Tauschen Sie sich aus über Missverständnisse, gegenseitige Wünsche und Erwartungen! Verzeihen Sie sich gegenseitig, wenn Sie sich verletzt haben. Finden Sie gemeinsam eine konstruktive Lösung für Ihren Konflikt, sodass Sie sich beim Abschied wieder herzlich umarmen können.

Stehen Sie auf, ja, jetzt und wirklich, nicht nur in der Vorstellung, winken Sie ihr nach, vielleicht pusten Sie ihr noch erleichtert ein paar Küsse von der Hand hinterher, drehen sich glücklich im Kreis herum und gehen wieder Ihrer Wege. Diese Art Körpergespräch hilft z.b. bei Problemen mit dem Beckenboden, bei Ängsten vor gynäkologischen Untersuchungen, bei Schwierigkeiten im Liebesleben oder nach einem Kaiserschnitt.

Geistige Arbeit

> Mit den folgenden Methoden können Sie die Gedanken, die rund um Ihr Geburtserlebnis auftauchen, betrachten und verändern. Wieder lesen Sie erst die verschiedenen Möglichkeiten und suchen sich dann einen Vorschlag aus, der Ihnen am verlockendsten erscheint.
> Hier werden Sie zwischendurch noch in zwei weiteren Kästchen Techniken für die geistige Arbeit vorgestellt bekommen.
>
> **Hinweis:** Ihre Gedanken haben Einfluss auf Ihre Gefühle. Sie können Einfluss auf Ihre Gedanken nehmen.
>
> **Ziel:** Ihr Geist wird sich von einem Knoten befreien können, wenn er mit neuen Gedanken gespeist wird.
>
> **Hinweis:** Es kommt nicht auf die Menge der Übungen an! Suchen Sie sich *eine* Methode aus, führen Sie sie achtsam aus und beobachten Sie Ihre Körpersensationen, Gefühle und Gedanken.

❒ **Gefühle des Versagens überwinden**

Wenn Sie denken, bei Ihrer Geburtsarbeit versagt zu haben, dann haben Sie mit ziemlicher Sicherheit menschlich verletzendes Verhalten erfahren. Sprechen Sie über alles, das Sie erniedrigend erlebt haben, mit einer Fachperson, die nicht Teil Ihres geburtshilflichen Teams war.

Eine Person, die ganz auf Ihrer Seite ist und Mitgefühl hat, wird empört sein über Ihre Erzählung und die Art des Umgangs, dem Sie ausgesetzt waren. Wie oft schaue ich in ein erstauntes Gesicht, wenn ich wütend werde über eine Behandlung oder über eine Aussage, die einer Frau nicht mehr aus dem Kopf geht. Ihre Gedanken hatten durch eine verletzende Bemerkung ein eigenes Versagen zurückbehalten.

Das Gehirn ergreift die Möglichkeit, die Dinge neu zu sehen, zunächst überrascht und überlegt: *»Könnte man darüber auch ärgerlich sein?«*

Ja! Sie haben das Recht, darüber unermesslich wütend zu sein! Lange genug haben Sie nach den Fehlern bei sich selbst geforscht und sich schuldig gefühlt.

Ein dabei ganz häufig auftauchendes Thema möchte ich an dieser Stelle mit Ihnen besprechen. Haben Sie Scham und Versagensgefühle zurückbehalten, weil Sie etwas »falsch gemacht« haben? *»Sie pressen ja in den Kopf! So geht das nicht!«* – Ja bitte, was hätten Sie denn machen sollen? Wenn nun mal das Herausschieben Ihres Kindes so schwierig war, Sie vielleicht auch noch nicht einmal die Schwerkraft zu Ihrer Hilfe nutzen konnten, weil Sie rückwärts gelehnt auf dem Bett lagen, vielleicht das Köpfchen groß oder das Muskelgewebe des Beckenbodens noch fest war oder gar beides – und Sie haben mit aller Kraft gedrückt, so wie es die Hebamme Ihnen gesagt hatte –, da ist es doch klar, dass Sie einen roten Kopf bekommen und sogar kleine Blutgefäße in Ihren Augen geplatzt sind! Wenn die Beckenbodenmuskeln ganz weich sind und das Köpfchen in einer aufrechten Gebärposition leicht durchs Becken passt, bekommt eine Frau natürlich auch keinen roten Kopf, sie muss ja auch nicht so viel Kraft aufwenden.

Ich bin mir sicher, dass Sie Ihr Äußerstes an Einsatz aufgebracht haben, das Kind hinauszuschieben. Sie haben das Beste aus der Situation gemacht, die durch das Zusammenspiel Ihres Körpers mit Ihrem Kind, aber auch durch Ihren Geburtsort und Ihr geburtshilfliches Team entstanden war. Sie können stolz darauf sein, sogar wenn Ihnen mit einer Saugglocke geholfen wurde! Sie sind weit über Ihre vorherigen Grenzen hinausgegangen und haben Ihr Kind geboren! Kein Außenstehender kann wissen, was Sie überwunden haben! Gehen Sie selbst wenigstens liebevoll mit sich um und haben Sie Achtung vor Ihrer Leistung!

❐ Entschuldigung

Beschämungen, Demütigung, Achtlosigkeit oder Erniedrigungen, die Sie von Hebammen oder Ärzten während der Geburt Ihres Kindes erfahren haben, bedürfen eigentlich einer Entschuldigung der Betreffenden bei Ihnen. Stellen Sie sich vor, die- oder derjenige würde zu Ihnen kommen und erführe, was das von ihm oder ihr Gesagte oder die Behandlung bei Ihnen ausgelöst hat. Stellen Sie sich vor, die- oder derjenige würde mit einem von Herzen kommenden »Es tut mir Leid!« antworten. Welche Last fiele von Ihnen! Wie viel besser könnten Sie den Schmerz verwinden.

Ich denke hier an eine bemerkenswerte Szene, die in dem anrührenden australischen Film »Ohne Layla« vorkommt, der den sehnlichen Kinderwunsch einer Frau, die Zeit der Schwangerschaft, die Geburt und den baldigen Tod der kleinen Layla dokumentiert. Der Arzt, der bei der Geburt dabei war und alles in seiner Macht Stehende getan hatte, sagt mit Tränen in den Augen zu den Eltern: »Es tut mir so Leid, dass ich Ihr Kind nicht sicher ins Leben bringen konnte!«

Wenn Sie sich so eine menschliche Haltung mit entsprechenden Worten für Ihren Schmerz zwar wünschen, aber gar nicht »in echt« vorstellen können, schreiben Sie sich einen Entschuldigungsbrief Ihres geburtshilflichen Teams selbst (s. Tipps zum Schreiben: »Ersehnte Antwort«, S. 121)

Geistige Arbeit mit dem Modell der Ich-Zustände

Für Ihre geistige Arbeit an sich selbst gibt es ein hilfreiches Modell aus der »Transaktionsanalyse (TA)«[3]. Die Methode bezieht sich auf die inneren Selbstgespräche, die wir führen, wenn wir einen Konflikt zu lösen haben. Kennen Sie diese inneren Zustände? Sie stehen z.B. vor dem Verkaufsregal mit den Süßigkeiten. Eine innere Stimme ist ungehemmt, voller Begeisterung und greift spontan zu: »*Oh, Schokolaaaaaaaade! Mmmmm, die mit Nougat nehm ich, ui, und die mit Mandeln auch noch!*« Aber da ist auch die kritische Stimme, mit der Sie ständig etwas an sich auszusetzen haben und sich auf die Finger hauen: »*Kommt nicht in Frage! Guck dir doch deine Speckrollen an. Du hast ja wohl kein bisschen Selbstdisziplin!*« Der nächste, der wohlwollende Anteil geht eher tröstend und liebevoll auf Ihre süße Lust ein: »*Ach, mein Julchen, nimm dir eine Tafel, du kannst gerade Trost gebrauchen!*« Und wieder eine andere Stimme ist eher ängstlich und angepasst, mit ihr wollen Sie es allen recht machen: »*Ich kann Sie ja heimlich schnell aufessen und das Papier unten in den Mülleimer stopfen, dann merkt es niemand und ich bekomm keine Vorwürfe zu hören!*«, oder Sie reagieren trotzig: »*Ich kann machen, was ich will!*«, und verschlingen drei Tafeln hintereinander.

Die TA benennt diese inneren Anteile mit Eltern-Ich (unterteilt in das nährende und das kritische) und Kind-Ich (zusammengesetzt aus dem freien und dem angepassten/trotzigen Kind). Die letzte Instanz ist noch das Erwachsenen-Ich: Es lässt alle Ich-Zustände zu Wort kommen und findet für jeden Zwiespalt eine angemessene, nüchterne Lösung. »*Also: Nun mal einen Moment*

Geistige Arbeit 109

Ruhe! Die Lust auf Schokolade und der Wunsch, schlank zu bleiben, stehen im Konflikt. Vorschlag: Du kaufst eine Tafel und teilst sie dir genüsslich ein!«

Um sich diese inneren Selbstgespräche besser vor Augen zu führen, können Sie sich kleine Figuren suchen oder sie einfach selbst spielen und mit veränderten Stimmen laut sprechen lassen. Dabei wird Ihnen auffallen, welcher Anteil zurzeit bei Ihnen das Sagen hat. Und welcher viel zu kurz kommt – den müssen Sie mal ein bisschen an die Hand nehmen!

Hinweis: Unterdrückte innere Anteile wirken sich störend auf unsere Gesundheit aus. Sie untergraben unsere Stärken und Fähigkeiten.

Ziel: Wenn alle inneren Ich-Zustände ausgeglichen zu Wort kommen, fühlen Sie sich lebendiger!

❐ **»Innere Stimmen«**

Dieses Prinzip der TA können Sie sich zu Hilfe nehmen, wenn Sie an Ihr Geburtserlebnis denken und von dem erlebten Schrecken in Aufruhr geraten. Hören Sie einmal genauer hin, was für ein Stimmengewirr auf Ihrer inneren Bühne[4] ist!
   Gibt's da nur solche Meckerziegen: *»Jetzt wird es aber mal Zeit! Reiß dich zusammen!«*, *»Du bist und bleibst ein Jammerlappen!«*, *»So verjagst du noch deinen Mann!«*? Welche kritischen Stimmen melden sich bei Ihnen?

Zum Glück höre ich ganz leise im Hintergrund noch andere Stimmen: »*Du bist ganz schön tapfer!*«, »*Nichts währt ewig, auch deine Tränen werden sich verwandeln! Lass dir Zeit, das kommt von ganz allein!*«, »*Du kannst nichts dafür, du konntest nicht anders!*«. Wie klingen Ihre tröstenden, stärkenden Anteile?

_____

_____

_____

_____

Gibt's bei Ihnen genug helle, klare Kinderstimmen, die auch gerne mal ein Solo singen? »*Wein doch nicht, lieb Gesicht, wisch die Tränen ab!*« »*Sing, sing meine liebe Tochter!*« »*Nur frisch, nur frisch gesungen, und alles, alles wird wieder gut!*«

_____

_____

_____

_____

Alle diese Stimmen, Ihr persönlicher »Chor«, singen wahrscheinlich schon seit Jahren ähnliche Lieder und vor allem die am stärksten zu hörenden Sänger haben bestimmt ein beachtliches Durchschnittsalter und sind in der Überzahl. Lassen Sie Ihre inneren Stimmen laut werden. Ordnen Sie jeder Stimme einen Namen, ein Symbol, eine Figur, ein Tier o.Ä. zu:

Wie wär's denn mal mit ein wenig frischem Wind? Sie als Dirigentin dieses Chores können jeden einzeln zu sich bitten und entscheiden, wer noch in Ihrem inneren Chor mitsingen soll:

Und wem Sie kündigen wollen:

……………………… ————————————————
……………………… ————————————————
……………………… ————————————————
……………………… ————————————————
……………………… ————————————————
……………………… ————————————————

Und wen Sie neu einstellen wollen:

……………………… ————————————————
……………………… ————————————————
……………………… ————————————————
……………………… ————————————————
……………………… ————————————————
……………………… ————————————————
……………………… ————————————————

Tragen Sie eine Weile die neu eingestellten Mitglieder Ihres Chores bei sich, damit Sie mit ihnen besonders viel proben können. Soufflieren Sie immer wieder die neuen Texte, die diese rein und gut über allen anderen hörbar jubilieren sollen, bis Sie wieder voller Selbstbewusstsein mit Ihrem Chor auftreten können und der Zusammenklang wieder fast ohne Ihr Zutun zu einem harmonischen Lebenskonzert wird.

Geistige Arbeit mit Glaubenssätzen oder Paradigmen

Eine weitere Technik bei der Arbeit mit Gedanken ist das Aufspüren von »Glaubenssätzen«. Sie können sich Ihren Verstand als einen Speicher gelernter Erfahrungen vorstellen, so genannter Glaubenssätze, die er bei jeder Gelegenheit ungefragt zum Besten gibt. Einige davon entlarven Sie sofort als »uralt Lavendel«, noch aus Ihren Kindertagen stammend: »*Nimm dich nicht so wichtig!*«, oder »*Das muss man mit sich selbst abmachen!*« und ähnliche automatisch auftauchende Anweisungen von oben.

Hinweis: Es gibt Zeiten im Leben, da hat man diese Diktate satt, die behindern und beengen! Da braucht dieser »Sprüchespeicher« einmal gründliches Ausmisten und neues Lernen!

Diese Arbeit nennt man auch »Paradigmenwechsel«. Glaubenssätze tauchen in uns auf und wirken wie in Stein gemeißelte, unveränderliche Regeln über das Leben. Das Lebensgefühl jedes Menschen ist davon entscheidend geprägt. Es ist ein erheblicher Unterschied, ob ich z.B. folgende Glaubenssätze in mir trage: »*Keiner versteht mich!*«, »*Dieser Schaden ist nicht wieder gut zu machen!*«, »*Männern sollte man eben nicht trauen!*«, oder ob eher folgende Glaubenssätze mein Leben begleiten: »*Auf Regen folgt immer Sonnenschein!*«, »*Meine Familie ist immer für mich da!*«, »*Die Welt ist voller Liebe!*«.

Üblicherweise denken Sie gar nicht darüber nach, mit welcher Haltung Sie durchs Leben gehen. Besonders in Krisenzeiten kann Ihnen jedoch auffallen, »durch welche Brille« Sie das Leben sehen. Dabei entdecken Sie vielleicht, dass Sie ja nur noch einen begrenzten Ausschnitt des Lebens wahrnehmen, wie mit Scheuklappen, und Ihnen ein großer Teil aus dem Blickwinkel geraten ist.

Ziel: Sie werden Ihren Horizont erweitern und auch das Positive wieder sehen können!

❏ Paradigmenwechsel

Das Verändern von inneren Lebenseinstellungen ist der Arbeit mit den inneren Stimmen ähnlich. Überlegen Sie einmal, was Sie gern wieder mehr wahrnehmen würden: Zuversicht, Verbundenheit, Lebensfreude ...? Nennen Sie ein Gefühl:

Haben Sie es positiv formuliert oder stattdessen z.B. geschrieben: »Ich habe keine Angst mehr«? Wenn Ihr Gefühl die Verneinung eines bedrückenden Zustands war, schreiben Sie das gegenteilige positive Gefühl auf (z.B. statt »keine Angst« Vertrauen):

Wodurch geht Ihr Wunsch nach diesem Lebensgefühl nicht in Erfüllung? Welcher Satz taucht sofort auf, welches große »ABER«?

Können Sie in Ihrer inneren und körperlichen Haltung spüren, wie mächtig und einschränkend dieses Paradigma wirkt?
Nun kommt Ihre Arbeit! Verwandeln Sie diesen Satz so, dass Ihr Wunsch nach dem positiven Gefühl für Sie möglich wird.

Geistige Arbeit

Hier ein paar Beispiele:

- Ich sehne mich nach weniger Angst in meinem Leben. Positiv umformuliert: Ich sehne mich nach Vertrauen. Es folgt das große ABER: »*Die Welt ist schlecht!*« Wie könnte man diesen Satz so umformulieren, dass Vertrauen einen Platz bekommen kann? Wie wär's mit »*Es gibt Gutes und Schlechtes auf der Welt. Ich darf meinen Blick dem Guten zuwenden, so viel und sooft ich möchte!*«? Kurz und prägnanter gesagt: »**Ich gestalte meine Welt.**«
- Ich habe kein positives Lebensziel mehr. Ich sehne mich nach Sinn in meinem Leben. ABER: »*Mein Lebens-Traum ist zerbrochen!*« Umformuliert, sodass wieder Sinn möglich wird, könnten Sie sagen: »**Ich bin die Schöpferin meiner Träume.**«
- Ich ersehne Heilung von meinem Trauma! ABER: »*Das werd ich nie verwinden!*« Daraus könnte werden: »*Ich ahne die Fähigkeit, die mir aus dem Erlebnis dieses Traumas erwächst.*« Oder prägnanter: »**Unter dem Fuße des Drachen liegt ein Juwel!**«[5]

Nun sind Sie dran! Wie hieß Ihr ABER, Ihr bisheriger Glaubenssatz, der Ihre Lebensfreude gebremst hat?

Formulieren Sie ihn um:

_____

_____

_____

_____

Damit ein neues Paradigma innerlich angenommen wird, braucht unsere »Meldezentrale« Beweise. Finden Sie also zunächst vier Situationen, in denen Sie selbst schon erlebt haben, dass Ihr neuer Satz stimmt, oder Geschichten anderer Menschen, bei denen Sie miterlebt haben, dass Ihr Satz stimmt:

1. _____

2. _____

3. _____

4. _____

Und jetzt gehen Sie in die Welt damit. Vielleicht kommt noch der Satz auf ein großes Blatt geschrieben an den Schreibtisch oder Badezimmerspiegel zur ständigen Erinnerung. In einem kleinen Heft auf dem Nachttisch, Ihrem »Erfolgstagebuch«, notieren Sie nun jeden Abend vier Erfolge mit Ihrem neuen Paradigma. Lassen Sie sich begeistern von Ihren Beweisen, seien sie auch noch so klein! Es funktioniert!

Ausdruck und Stimme

Sicher wird Ihnen zunehmend deutlich, wie gut es tut, wenn Sie Ihre Lebensenergie neu beleben. Nutzen Sie jede Gelegenheit, in der Sie sich sicher und unbeobachtet fühlen, Ihren Körper zu bewegen und nach und nach wieder Ihre Gefühle auszudrücken. Ihre Stimme ist dabei ein hilfreiches Vehikel. Sie können sich zu Wort melden, Sie können Nein sagen, Sie können wie ein Kind die Zunge rausstrecken oder ohne Worte nur mit Geräuschen und Mimik Ihre Stimmung kundtun! Ein bisschen Theater dabei und Übertreibung machen noch mehr Spaß!

Hinweis: Suchen Sie sich einen Ort, an dem Sie laut werden können.

Ziel: Tauen Sie allmählich eingefrorene Gefühle wieder auf.

Hinweis: Es kommt nicht auf die Menge der Übungen an! Suchen Sie sich *eine* Idee aus, führen Sie sie achtsam aus und beobachten Sie dabei Ihre Körpersensationen, Gefühle und Gedanken.

❐ **Haben Sie ein Lieblingslied?**
Einen Hit oder Schlager, eine Arie, ein Volkslied? Legen Sie die Musik auf, immer wieder und singen Sie mit (im Auto hört Sie niemand!) – kann ruhig ordentlich schmalzig sein, romantisch oder sentimental. Geben Sie Ihrem Herzen Stimme!
Oder drücken Sie Ihre Stimmung dazu beim Tanzen aus.

☐ **Tanz**

Tanzen Sie nach einer Musik, die Ihren jetzigen Zustand ausdrückt, und anschließend nach einer Musik, die für Sie den Zustand der Heilung ausdrückt.

☐ **Die Wut mobilisieren**

Hat man Sie allein gelassen während der Geburt oder schlecht betreut? Fühlen Sie sich erniedrigt und beschämt? Reicht es langsam mit zu verwindenden Traumen? Sind Sie vom Schicksal benachteiligt?

Richten Sie einen Platz ein für Ihre Wut!

Sie sind nicht wütend? Egal, dann nutzen Sie die Tipps einfach nur, um aus dem lähmenden Zustand des Schreckens wieder herauszukommen: Gehen Sie Tennis spielen oder Squash. Boxen Sie mit Boxhandschuhen gegen einen Boxball. Spielen Sie Fußball oder treten Sie Kissen. Töpfern Sie und zelebrieren Sie besonders das Schlagen des Tons am Anfang. Schreiten Sie kräftig aus beim Wandern. Rangeln Sie mit einem Freund oder einer Freundin mit den Armen – die Freundin soll aber ihre Stärke nicht benutzen, um Sie zu besiegen! Benutzen Sie Expander oder andere »Kraftmaschinen«, bei denen Sie Widerstand überwinden müssen.

Hinweis

Achten Sie auf erholsame *Pausen!* Und nicht bis zur Erschöpfung oder über Ihre Grenzen gehen! Erleben Sie Ihre wachsende Kraft dabei!

Schreiben

Wenn Sie sich schon früher gern schreibend mit Ihrem Tagebuch unterhalten haben und dabei für Ihre Konflikte Klärung fanden, so ist es sicher leicht, diese Fähigkeit jetzt wieder aufzugreifen. Aber auch ohne diese Vorerfahrung werden Sie die Erleichterung durch aufgeschriebene Gedanken zu schätzen lernen. Schreiben ist ein sichtbar gemachtes inneres Gespräch. Sie können Ihr Heilungs-Tagebuch für die Vorschläge verwenden.

Bevor Sie aber in die Tipps zum Schreiben eintauchen, lesen Sie bitte als Vorbereitung das Kapitel »Die Traumgeburt«. Dann, und als erste Erfahrung mit dem Schreiben, bringen Sie Ihr traumatisches Geburtserlebnis zu Papier.

Bericht über die Geburt

Viele Frauen schreiben nach der Geburt ihres Kindes ihr Erlebnis auf. Manche richten es in Form eines Briefes an ihr Kind, andere formulieren mehr für sich selbst in ihr Tagebuch. In einigen Büchern über Geburt finden sich immer wieder Ausschnitte aus solchen Berichten, die Sie sicher auch neugierig in der Schwangerschaft gelesen haben. Wegen der starken Gefühle und der Einmaligkeit einer Geburt berühren mich diese Berichte immer sehr und ich finde sie sehr spannend.

Sie denken vielleicht: *»Es ist ja auch verständlich, wenn eine Frau eine wunderbare Erfahrung auf diese Weise für sich und ihr Kind festhalten möchte. Aber ich mit meinem Horror – wer will das denn lesen? Und meinem Kind will ich das auch nicht gerade zumuten!«* Schreiben Sie es erst einmal nur für sich ganz allein auf! Es wird einen ähnlichen Effekt haben wie der Besuch bei einer freiberuflichen Hebamme, mit der Sie Ihre Erfahrungen noch einmal ganz genau durchsprechen könnten. Sie werden beim Schreiben merken, an welchen Stellen Sie noch Fragen haben, an welchen Stellen Sie besonders betroffen sind und wieder weinen müssen. Schreiben Sie alle beteiligten Gefühle mit auf. Es kann auch streckenweise in Stichworten weitergehen oder wechseln zwischen Ihrem damaligen Erleben und dem Wieder-Erleben, während Sie gerade schreiben. Lassen Sie den Stift immer selbstständiger werden, krakeln, kleckern oder durchbohren Sie das Papier, lassen Sie große dicke Buchstaben oder ganz kleine, zarte entstehen ... Schreiben Sie, solange Sie es gerade verkraften können. Sie können ja an einem anderen Tag an derselben Stelle fortfahren. Und lesen Sie immer einmal wieder, was Sie geschrieben haben. Sie werden merken, dass nach und nach die Heftigkeit der Gefühle nachlässt. Schreiben Sie sich alles »von der Seele«!

Hinweis: Die Arbeit an Ihrer Verletzung ist vergleichbar mit dem Effekt, den ein Steinwurf im Wasser verursacht: Kreisförmig breiten sich die Wellen der Gefühle aus. Die ersten Wellen sind höher und enger beisammen, die entfernteren Wellen werden immer kleiner und kommen in größeren Abständen, bis sie nicht mehr zu sehen sind.

Ziel: Das Geheimnis der Erlösung heißt Erinnerung.[6]

Nun haben Sie einen großen Schritt zu Ihrer Heilung getan und können mit diesem Bericht als Grundlage weitergehen zu anderen schriftlichen Auseinandersetzungen mit Ihren Erfahrungen.

Hinweis: Es kommt nicht auf die Menge der Übungen an! Suchen Sie sich *eine Idee zum Schreiben* aus, führen Sie sie achtsam aus und beobachten Sie dabei Ihre Körpersensationen, Gefühle und Gedanken.

❐ Brief an die Geburtshelfer

Ist Ihnen beim Schreiben Ihres Geburtsberichtes aufgefallen, dass Sie noch etwas loswerden müssen? Dass Sie die Empörung oder Verletzung noch an die entsprechende Adresse schicken wollen? Schreiben Sie einen gepfefferten Brief an Ihre Hebamme oder an Ihr Krankenhaus. Doch, doch – ruhig gepfeffert! Sie müssen ihn vielleicht danach gar nicht mehr abschicken! Oder Sie schicken ihn anonym ab. Sie können ihn natürlich auch mit Angabe Ihres Absenders oder aber mehrfach überarbeitet und diplomatisch »glatt geschmirgelt« ... abschicken ... Wichtig für Ihre Heilung ist zunächst, dass Sie all Ihren Zorn, den Sie noch nicht losgeworden sind, formulieren! Und ohne jegliches Verständnis (was Sie mit Sicherheit auch aufbringen könnten) und ohne jegliches »Na ja, aber ich habe ja auch ... und ich war ja auch wirklich ...«. Das mag auf einem anderen Blatt stehen. Jetzt geht es um Sie und Ihre Heilung!

Manchen Frauen ist es auch ein Bedürfnis, sich für all die Frauen einzusetzen, die am selben Krankenhaus zukünftig entbinden werden, und sie wollen deshalb menschliche Missstände benennen. Leider haben einige auf einen solchen Beschwerdebrief hin unbefriedigende bis unangenehme schriftliche Antworten bekommen. Sie müssen also abwägen, ob Sie sich einer Auseinandersetzung schon gewachsen fühlen oder ob Sie zunächst für sich selbst sorgen müssen.

❐ Ersehnte Antwort

Sie können sich sogar auch einen gewünschten Antwortbrief selbst formulieren.[7] Gesprochene oder geschriebene Worte und Gedanken haben so große Kraft! Spüren Sie die Wirkung auf Ihre Haltung und Ihren Atem. Daran merken Sie, wie Sie Ihre Welt selbst heilsam mitgestalten können, auch wenn es noch schwere Arbeit ist.

Kennen Sie andere Situationen in Ihrem Leben, in denen Sie so überrumpelt von einer menschlichen Verletzung waren, dass Ihnen zunächst keine gute Antwort eingefallen ist? Hinterher haben Sie dann in Gedanken ein paar tolle Ideen entwickelt, was Sie Ihrem Gegenüber hätten entgegenhalten können? Ich erinnere mich lebhaft, mit welchem zunehmenden Vergnügen ich oft schlagfertige Szenen entwarf – eine besser als die nächste, bis ich hämisch lachend in die Hände klatschen konnte, als wäre ich als »Siegerin« aus der Situation hervorgegangen!

❐ **Gegengeschichte**

Auch diese Fähigkeit können Sie nutzen: Sie schreiben eine »Gegengeschichte« Ihrer Geburt. Lesen Sie noch einmal Ihren Bericht. An welcher Stelle wollen Sie ein anderes Drehbuch beginnen? Wie wäre die Geburt Ihres Kindes von diesem Moment an weiterverlaufen? Schreiben Sie so viele gute Variationen wie möglich auf und achten Sie auf Ihre Körperreaktionen. Falls es »Wenns und Abers« gibt, die Ihnen solche Selbsthilfe-Methoden vermiesen oder verbieten wollen, gucken Sie unter »Innere Stimmen« oder »Paradigmenwechsel« nach und setzen Sie Ihre Arbeit dort erst einmal fort.

❐ **Schreiben und Malen**

Falls Sie Spaß am Schreiben haben und wohltuende Erfahrungen damit machen, locken Sie noch mehr Ihre Kreativität hervor und verbinden Sie die Ergebnisse eventuell mit den Vorschlägen zum kreativen Gestalten.

❐ **Märchen**

Oder erfinden Sie selbst ein Märchen: Sie sind die Hauptperson, die schwierige Aufgaben zu lösen hat. Dabei befreit sie Kräfte, die ihr fortan dienen und mit denen sie letztlich ihre

Aufträge erfüllt und das Böse besiegt. Beschreiben Sie, welche Hindernisse Ihre Hauptperson überwinden muss, welche Fähigkeiten sie einsetzt, um am Ende gestärkt als Heldin gefeiert zu werden. Welche Belohnung wird ihr zuteil? Vielleicht gibt es auch ein Lieblingsmärchen, das Sie für sich vorlesen, umschreiben, illustrieren oder aus dem Sie sich eine stützende Kernaussage notieren und in Ihr Zimmer hängen!

Sigrid gab dem Bösen in ihrem Leben den Namen »Mutato«, denn es trat in vielerlei Gestalt auf. Im Märchen nahm sie es mit dieser Figur schließlich auf, die durch ihre wechselnden Verkleidungen so schwer zu erkennen war. Durch eine Wunderbrille gelang es ihr, die üblen Machenschaften rechtzeitig zu durchschauen und die Macht von Mutato zu besiegen.

❐ **Album der Erinnerung**

Legen Sie ein Album an, das die Erinnerung Ihrer schweren Zeit um die Geburt Ihres Kindes herum beherbergt. Kleben Sie Fotos ein. Schreiben Sie Gedichte oder Ihr Märchen neben die Bilder. Sammeln Sie darin Briefe von Freunden, die Sie als tröstlich erlebt haben. Kleben Sie alles in das Album hinein, das diesen Lebensabschnitt dokumentiert. Binden Sie eine kostbare Schleife darum oder versehen Sie es mit einem kleinen Schloss, um Ihre Erinnerungen darin aufzubewahren, die Sie dann aber auch bei Bedarf wieder auftauchen lassen können.

❐ **Brief an Ihr Kind**

Eines Tages werden Sie an einem Punkt Ihrer Heilung angekommen sein, an dem Sie für Ihr Kind einen Brief schreiben können. Darin erzählen Sie ihm von seiner Geburt wie von einer gemeinsam gemeisterten Heldenreise. In dieser Weise werden Sie mit ihm fortan sprechen, so werden Sie ihm von nun an begegnen und Sie brauchen sich nicht mehr zu sorgen, ihm eine negative Botschaft mit auf den Weg zu geben!

Kreatives Gestalten

Wenn Sie Ihre kreativen Fähigkeiten nutzen, sind Sie schnell in Verbindung mit dem Unbewussten und mit Ihrer Seele. Sie können Begrenzungen, die Ihr Verstand aufbaut, dadurch unterlaufen.

Manche Frauen wissen schon von sich, dass sie beim Gestalten und Malen intensiver und schneller mit ihren heilsamen Kräften in Berührung kommen als beim Sprechen. Andere haben den Glaubenssatz »*Ich kann nicht malen*« als Hindernis zu überwinden. Sie werden erstaunt sein, was in Ihnen steckt!

Hinweis: Sie sind nicht mehr in der Schule! Es kommt nicht darauf an, dass das Bild künstlerische Kriterien erfüllt.

Sie werden von der Wahrhaftigkeit berührt sein, von der ganz persönlichen Aussage über Ihr Erleben und überraschende Einsichten erhalten.

Ziel: Entdecken Sie ein Fenster zu Ihrer Seele!

Hinweis: *Es kommt nicht auf die Menge der Übungen an! Suchen Sie sich eine Idee* aus, führen Sie sie achtsam aus und beobachten Sie dabei Ihre Körpersensationen, Gefühle und Gedanken.

Kreatives Gestalten 125

Töpfern

Ton ist ein gut formbares Material, das Sie sicher in Ihrer Nähe in einem Bastelladen oder in einer Töpferei beziehen können. Andere ähnliche Materialien zum Kneten und Plastizieren, die beim Trocknen fest werden und die eventuell auch leicht zu bemalen sind, kommen ebenso in Frage. Vielleicht haben Sie das Glück einer kompetenten Anleitung zum Töpfern, wodurch Sie auch zu Glasur und Brennofen Zugang bekommen würden. Entscheidend ist aber nicht die technisch perfekte Ausführung oder das künstlerische Ergebnis, sondern die Anregung Ihrer Sinne beim Gestalten mit Ihren Händen.

Ziel: Drücken Sie sich mit Ihren Händen aus. Bringen Sie etwas hervor, was verborgen in Ihnen darauf wartet, betrachtet zu werden.

Wählen Sie für Ihr Thema der Heilung eine oder zwei aus den folgenden Anregungen heraus.

❐ **Ton schlagen**

Um aus einem Klumpen Ton eine Gestalt zu formen, werfen Sie ihn zunächst mehrfach mit kräftigem Schlag von allen Seiten auf Ihre Arbeitsfläche (Brett oder glatter Tisch). Das vertreibt eingeschlossene Luftblasen, damit Ihre spätere Plastik im Brennofen nicht zerspringt. »Schlagen« Sie Ihr Arbeitsmaterial auf diese Weise auch dann, wenn Sie Ihr Werk vielleicht später gar nicht brennen lassen wollen. Entdecken Sie den Spaß an Ihrer Kraft und an dem Krach, den Sie fabrizieren dürfen![8]

❐ **Die Hände wissen**

Drücken Sie ein Stück Ton eine Weile zwischen Ihren beiden Händen hin und her und stimmen Sie sich ein. Folgen Sie Ihrer Lust, die Form des Klumpens zu verändern, ohne etwas Bestimmtes herstellen zu wollen. Ob Ihre Hände vielleicht eher als Ihr Kopf wissen, was Sie gestalten möchten?

❐ **Schutzgestalt**

Gestalten Sie sich eine hilfreiche Figur: eine Beschützerin, Ihr Kraft-Tier, ein Maskottchen, einen Schutzengel.

❐ **Medizin-Perlen**

Formen Sie Perlen: Jede umschließt eine »Medizin«, wird mit entsprechender Farbe glasiert und später zu einer Kette aufgefädelt, die Sie tragen können.

❐ **Schild**

Starten Sie mit einer runden, flachen Form – einem Schild – und lassen Sie darauf ein Relief mit Ihrem Schutzemblem entstehen.

❐ **Hekate**

Kneten Sie

- einen Kopf mit drei Gesichtern: Ein Gesicht schaut in Ihre Vergangenheit, eins in die Gegenwart und das dritte blickt in Ihre Zukunft, in der Sie wieder geheilt sind.
- einen Körper mit drei Köpfen; drei am Rücken in einer Säule zusammengewachsene Körper. Was hält die drei zusammen? Was halten die Figuren in den Händen? Wie ist ihr Ausdruck, ihre Haltung? Welche Farben setzen Sie beim Glasieren ein?

Auf diese Art ist die Göttin Hekate dargestellt worden.

❐ Medusas Haupt

Erfinden Sie die Fortsetzung der Geschichte »Medusas Haupt«:[9]

Perseus erhält den Hinweis, dass er der fürchterlichen Medusa, um sie zu besiegen, nicht direkt in die Augen schauen darf. So kann er sie besiegen, indem er nur ihr Spiegelbild in seinem Schild betrachtet. Nachdem es ihm auf diese Weise gelungen ist, ihr Haupt abzuschlagen, steigen aus ihrem Körper zwei Gestalten hervor, die ihm fortan dienen und ihn stärken.

Was würde emporsteigen, wenn Sie Ihr Trauma besiegt hätten? Malen oder töpfern Sie Ihre befreiten Kraft-Symbole.

Ein Bild malen oder eine Collage herstellen

Zum Malen brauchen Sie Papier – großes oder kleines – und Farben Ihrer Wahl. Sie können Pastell-Öl-Kreiden nehmen, Tusche, Plakafarbe, Bunt- oder Filzstifte. Alles ist möglich, womit Sie sich gern ausdrücken wollen – sogar Fingerfarben!

Für Collagen haben Sie sicher ein paar alte Zeitschriften zu Hause oder Sie holen sich Fotobände oder Magazine in einem Secondhand-Büchergeschäft.

Mit Schere, Papier und Kleber versorgt suchen Sie sich zunächst Ihr Thema aus und reißen dann, ohne viel zu planen und nachzudenken, erst einmal alles aus, was – warum auch immer – für Sie zum Thema passt: Farbflächen, Darstellungen, Worte, Sprüche, Muster ... Wenn Sie einen Haufen Ausschnitte mit Ihren Assoziationen gefunden haben, beginnen Sie, diese auf Ihrem Blatt anzuordnen und dann festzukleben.

Ziel: Lassen Sie Ihr Unbewusstes in Bildern zu sich sprechen.

☐ Bild der Geburt[10]

Stellen Sie Ihre Geburt dar. Bringen Sie zum Ausdruck, was in Ihrer Erinnerung besonders haften blieb. Sie können auch nur Farbe oder Symbole benutzen, um Ihre Stimmung zu verdeutlichen.

Hinweis

Manchen Frauen geht es zu nahe, ein Bild ihrer Geburt zu malen, anderen hilft es bei der Verarbeitung.

☐ Bild von der Zeit vor der Geburt

Sie können auch ein Bild herstellen, das Ihre Träume, die Sie während der Schwangerschaft von der Geburt hatten, ausdrückt oder Ihr damaliges Lebensgefühl, Ihren Körper vor dem Geburtserlebnis.

☐ Körperbild der Gesundung

Zeichnen Sie den Umriss Ihres Körpers. Lassen Sie daraus ein kraftvolles Bild Ihrer Gesundung entstehen, indem Sie die Körperbereiche, die heilen möchten, mit wohltuenden Farben und Symbolen füllen (Formen, Tiere, Landschaften, Edelsteine ...).

Große Tapetenrollen und Fingerfarben erhöhen das Vergnügen!

☐ Lebensweg zur Heilung

Stellen Sie als Collage Ihren Weg von der Schwangerschaft bis zur Geburt dar und dann weiter in die Zukunft bis zu Ihrer Heilung – wie die Reise einer Heldin in einem Märchen.

Bei Anna entstand ein langes Fresko, an das sie immer neue Blätter ankleben musste, für unvorhergesehene Wegbiegungen und Entwicklungen.

❏ Übermalen des Alten

Übermalen, überschreiben, überkleben ... Sie ein Bild, das Ihren jetzigen Gefühlen nicht mehr entspricht. Was schimmert durch? Wo soll das Alte noch seinen Platz behalten? Was steht jetzt im Vordergrund? Wie färben die gemachten Erfahrungen Ihr neues Bild, Ihr jetziges Leben?

Gisela wollte Ihre Werke lieber aufbewahren, um ihre Entwicklung und Wandlung immer einmal wieder voller Stolz betrachten zu können. Sie fotokopierte eins ihrer Bilder und ging dann mutig drüber!

Selbstmassage

Sehnen Sie sich danach, in Ihrem Körper wieder ganz zu Hause zu sein und endlich wieder entspannen zu können?
Gönnen Sie sich eine Selbstmassage, sooft Sie können!
Klopfen Sie liebevoll, aber auch eindrücklich an Ihr »Körperhaus«, damit die verschreckte Lebensenergie sich wieder nach draußen traut und merkt, dass der Schrecken vorbei ist! Locken Sie Ihren Atem hervor, damit er wieder von den Zehen bis zu den Haarspitzen fließen kann. Lassen Sie Ihre Hände mit Ihrer Haut sprechen.

Hinweis: Sie werden Ihre ganz eigenen Lieblingsberührungen entwickeln.

Ziel: Berührung bringt Ihre Wahrnehmung ins Hier und Jetzt und führt nach und nach zu mehr Wohlgefühl.

Hinweis: Es kommt nicht auf die Menge der Übungen an! Suchen Sie sich *eine* Massage aus, führen Sie sie achtsam aus und beobachten Sie dabei Ihre Körpersensationen, Gefühle und Gedanken.

❏ Skulptur

Stellen Sie sich vor, Sie hätten eine Skulptur aus Ton gebaut: z.B. Ihren Kopf und Ihr Gesicht. Der Ton ist noch nicht ganz getrocknet und lässt sich noch gut formen. Sie streichen mit Ihren Fingern und Handflächen – und einem angenehmen Massageöl – die Formen nach, dehnen und rücken zurecht, glätten die Oberflächen, korrigieren kleine Unebenheiten, streichen die Eigenheiten noch mehr hervor ... bis Sie mit Ihrem Werk ganz zufrieden sind. Spüren Sie nach, wie das Leben zurückkehrt!

Ein anderes Mal nehmen Sie die Hände – erst die eine und dann die andere – oder einen Fuß nach dem anderen.

❏ Klopfmassage

Heißen Sie Ihre Seele im Körper willkommen: geben Sie sich täglich zehn Minuten eine kleine Klopf- oder Rubbel-Massage: »*Da bist du ja, meine Hand, ich freue mich, dass du da bist! ... Hallo, Bauch, du süßer Wackelpudding, wie geht's dir denn? ... Na, Kreuz, bist du schon wach? ...*« Das Gleiche geht auch unter der Dusche: Richten Sie den Duschkopf gezielt auf die Schultern, die Arme, den Bauch, den Po ... Sprechen Sie dabei liebevoll mit Ihrem Körper und fühlen Sie, wie er erwacht und Ihre Seele sich ausdehnen darf.

Nachdem Sie mehr Genuss an einer der Selbstmassagen entdeckt haben, wollen Sie vielleicht auch einmal wieder von einem anderen Menschen massiert werden. Vielleicht merken Sie dann aber bei den Berührungen einer guten Freundin oder Ihres Partners, wie »spröde« Sie sind, wie groß Ihr Schutzbedürfnis und das Misstrauen noch sind und dass Sie doch am liebsten niemanden an sich herankommen lassen wollen.

Hinweis: Dann suchen Sie sich besser eine körperorientierte Behandlung bei einem Therapeuten, wie sie im Kapitel 7 »Körpertherapeutische Behandlung – Berührung der Seele« beschrieben ist.

❐ Bauchmassage

Der Bauch und die Vulva sind nach jeder Geburt mehr oder weniger mitgenommen. Diese Körperbereiche brauchen also ganz spezielle Sorgfalt bei ihrer Erholung und Heilung, insbesondere natürlich nach einem traumatischen Geburtsverlauf.

Ihr Bauch hat vielleicht Schwangerschaftsstreifen (Striae) oder eine Narbe vom Kaiserschnitt. Die Haut und die Muskeln sind noch weicher und besonders liebebedürftig und zart besaitet. Deshalb bekommt Ihr Bauch nun von Ihnen eine tägliche Selbstmassage nach dem Duschen oder Baden:

- Ölen Sie sich Ihre Hände ein und kreisen Sie im Uhrzeigersinn über den Bauch.
- Streichen Sie vom Nabel aus mit den Fingerspitzen strahlenförmig nach außen.
- Ergreifen Sie am rechten Oberbauch zwischen Ihren Daumen und den restlichen Fingern eine »Speckrolle« und streichen Sie knetend mit den Daumen darüber hinweg. Wandern Sie mit dieser Bewegung von rechts nach links und von oben nach unten über den ganzen Bauch.

• Kreisen Sie zum Abschluss noch einige Male im Uhrzeigersinn über den Bauch.

◻ **Dammmassage**

Sind Sie bereit für ein Wagnis? Wollen Sie wissen, wie es Ihrer Vulva geht? Sie können einen Handspiegel zu Hilfe nehmen, um Ihre Scham zu betrachten. Rötungen, Schwellungen, Schürfungen, kleine Einrisse, blaue Flecken, eine Naht, eine Narbe ... wenn Sie nicht wissen, welche Spuren die Geburt dort hinterlassen hat, können Sie Ihre weibliche Basis auch nicht so gut »zurückerobern«. Sie streben doch sicher wieder ein angenehmes, lustvolles Zusammenspiel mit ihr an?!

Nach der Zeit der Sitzbäder und wenn die Wunden geheilt sind, können Sie mit einer Heilsalbe die Narben und Spuren von der Geburt eincremen und massieren.[11] So wird das Gewebe wieder geschmeidig, gewöhnt sich an wohltuende Berührungen und die erfahrenen Schmerzen treten in den Hintergrund.

Rituale gestalten

Ein Ritual ist eine festgelegte Handlungsabfolge mit symbolhaftem Charakter. Beim Wort »Ritual« fällt den meisten Menschen kirchliches Brauchtum ein wie Abendmahl, Hochzeitszeremonie oder Taufe. Es gibt aber auch kleine täglich wiederkehrende Rituale wie das Gutenachtlied für ein Kind oder die fast »heilige« Zeit mit einer genüsslichen Tasse Milchkaffee und der Tageszeitung.

Rituelle Handlungen bewegen sich entlang eines festgelegten Ablaufs. Es werden dabei symbolhafte Gegenstände benutzt. Immer werden wir dabei aufgerufen, eine Zäsur zu machen zwischen einer Zeit, die gewesen ist, und einer Zeit, die kommen wird.

Wir können uns leiten lassen, tiefer in uns hineinspüren und Kraft schöpfen. Das ist besonders in einer Lebenskrise Gold wert.

Hinweis: Betonen Sie die Feierlichkeit Ihrer symbolischen Handlung, denn mit intensiven Gefühlen und Gedanken prägt sich Ihre Erfahrung stärker ein und löst dabei Ihre vorher schmerzlichen Empfindungen allmählich ab. So fördern Sie Ihre angestrebte Verwandlung.

Ziel: Wichtige Lebensentscheidungen und Phasen bekommen mit Ritualen ihr gebührendes Gewicht.

Hinweis: Es kommt nicht auf die Menge an! Suchen Sie sich *ein Ritual* aus, führen Sie es achtsam aus und beobachten Sie dabei Ihre Körpersensationen, Gefühle und Gedanken.

❏ **Abschied und Neubeginn**

Sind Sie durch Gespräche, Fantasiereisen, Arbeit an Ihren Glaubenssätzen, Schreiben oder Malen schon ein Stück vorangekommen? Machen Sie sich Ihren Fortschritt durch ein Ritual bewusst: Wählen Sie einen Gegenstand als Symbol für den bereits bewältigten Abschnitt Ihrer Heilung und einen für das noch vor Ihnen liegende Stück Arbeit. Welche feierliche Handlung könnte zu Abschied und Neubeginn für Sie passen?

Sie können z.B. Folgendes machen:

- Altes verbrennen, dem Wasser übergeben, in Mutter Erde vergraben, dem Wind anvertrauen ...
- Weggabelungen, Waldlichtungen, einen alten Baum aufsuchen ...
- Aus Briefen kann man Schiffchen falten, Nussschalen schwimmen lassen, eine Botschaft mit einem mit Helium gefüllten Luftballon in die Lüfte steigen lassen ...
- Für das Neue kann eine besondere Kerze angezündet werden, ein Gewand genäht, ein Gefäß gefunden werden ...
Ihre Fantasie wird Sie leiten!

❏ **Von Schuld reinwaschen**

Nach Ihrem traumatischen Geburtserlebnis gibt es vielleicht nagende Gedanken von Schuld (oder ein anderes Gefühl), die Sie nicht loslassen. Sie können Ihre Schuldgefühle akzeptieren, sich wieder von ihnen erlösen und sich reinigen.

Verbinden Sie einen neu gefundenen, versöhnenden Glaubenssatz (s. S. 113), den Sie sich erarbeitet haben, oder ein Gebet mit einer Waschung, einem Bad: im Meer tauchend oder schwimmend, in einem sprudelnden Bach, im Badeschaum Ihrer Wanne, unter der warmen Dusche, vor einer Schale Wasser ... Lassen Sie sich vom Wasser frei spülen, wenn nötig, auch immer wieder, bis Sie Ihre Lebensenergie zurückgewonnen haben.

Nach jeder rituellen Reinigung schließen Sie eine Selbstmassage an mit einem Öl oder einer Körpermilch, die für Sie einen Schutzmantel symbolisieren können. Auf diese Weise bleibt Ihnen Ihre neu gewonnene Energie erhalten.

❏ **Beppo Straßenkehrer**

Kennen Sie das Kinderbuch »Momo« von Michael Ende? Immer wenn Sie verzagt sind und Ihre Hoffnung verloren zu gehen scheint, lesen Sie den Abschnitt, in dem Beppo, der Straßenkehrer, seine Philosophie des Fegens einer langen Straße erklärt. Machen Sie es sich hierfür ganz bequem an immer demselben Platz. Legen Sie ein kostbares Lesezeichen in die entsprechende Seite des Buches und lassen Sie es an einem für Sie gut sichtbaren Platz liegen.

Gibt es ein anderes, für Sie tröstliches und aufbauendes Buch, mit dem Sie ähnlich verfahren können? Vielleicht eine griechische Sage oder ein Lieblingsbuch aus der Kindheit oder ein Märchen aus Clarissa P. Estés »Die Wolfsfrau« (siehe Literaturverzeichnis)?

Während einer Zeit höchster Anforderung im Beruf legte mein Mann z.b. zwischen dem Frühstück und dem Zeitpunkt, bevor er zu seiner Arbeit aufbrach, immer eine ruhige Zäsur mit einem Buch ein, in dem für jeden Tag eine buddhistische Weisheit stand.[12]

❒ Dem Feuer übergeben

Ein von Ihnen gemaltes Bild, in dem Sie sich mit Ihrer Verletzung auseinander gesetzt haben, oder ein gepfefferter Brief, in dem Sie Ihr ganzes Leid, Ihre Wut und Empörung ausgedrückt haben, kann z.b. nach einer Zeit innerer Wandlung und Heilung der Vergangenheit übergeben werden:

Zu einer Beratungsstunde brachte Viola eine alte Collage mit, zerschnitt sie in kleine Stücke, begleitet von intensiven Kommentaren, mit denen sie die Bedeutung einzelner Bildausschnitte benannte. Einige Stücke wollte sie noch behalten, die anderen kamen in einen vorbereiteten, großen Kochtopf, in dem sie dann ein mit getrockneten Salbeiblättern gewürztes Feuerchen entfachte. Von Musik begleitet stocherte sie hingebungsvoll mit einem Ast im Feuertopf und ließ den Rauch aus dem offenen Fenster ziehen.

◻ **Wanderung**

Wenn es Ihre Lebensumstände und Kräfte erlauben, begeben Sie sich auf eine Wanderung, eine »Pilgerreise«: Allein oder mit Ihrem Partner, mit oder ohne Kind, auf dem Jakobspfad in Spanien oder durch Deutschland, von Hütte zu Hütte in den Alpen oder an einer Küste entlang, singend oder schweigend, tage- oder stundenlang. Das Ausschreiten mobilisiert Energie, fordert Ihre Grenzen heraus, bringt Gedanken und Gefühle in Bewegung, fördert die Atmung, verbindet Sie mit der Natur und mit sich selbst. Der Weg mit allen seinen Stationen, Hindernissen und Begegnungen ist wie ein Symbol Ihres Lebens und kann Ihnen bei der Verarbeitung in Ihrer »Wandelzeit« helfen. Schreiben Sie Ihre Erfahrungen in ein Tagebuch oder schnitzen Sie Zeichen in Ihren Wanderstock, einer Haselrute aus Ihrem Garten.

◻ **Überlebensfest**

Feiern Sie ein »Überlebensfest«. Gratulieren Sie sich selbst dazu, dass Sie die Geburt bewältigt haben! Gestalten Sie sich einen Ehrentag ganz nach Ihrem Sinn: mit Freunden oder allein, mit köstlichen Speisen, festlichem Kleid, Geschenken, Kerzenlicht, Ihren Lieblingsblumen und feierlichen Handlungen. Ihr Lebenswille hat Sie gerettet und braucht Stärkung! Suchen Sie sich ein Schmuckstück aus, das Ihre innere Stärke ausdrückt.

Ich hoffe, Sie haben Feuer gefangen und konnten sich für eine der Methoden begeistern. Vielleicht spüren Sie schon die Kraft, die Ihren Selbstheilungskräften daraus erwachsen kann.

Noch ein Hinweis

Erlauben Sie sich von Zeit zu Zeit, Ihre Ziele, Ihren eingeschlagenen Weg und Ihre Methoden zu überprüfen.

Entsprechen Ihre gewählten Aufgaben noch Ihren Bedürfnissen? Kommen Sie dabei Ihrem Ziel näher? Sind Sie auf sich gestellt einsichtig und kreativ genug oder würden Sie effektiver Ihren Gefühlen und Blockaden auf die Spur kommen, wenn Sie Hilfe aufsuchen würden? Was hält Sie davon ab? Was fehlt Ihnen, was brauchen Sie im Moment noch für die Verarbeitung Ihres Geburtserlebnisses?

Vertrauen Sie Ihrem inneren Wissen und gehen Sie gewährend mit sich um.

◀ Und wie geht's weiter im Buch?

Im Folgenden stehen die Babys, die Männer und das geburtshilfliche Team im Mittelpunkt der Betrachtung sowie deren Erlebnisse der traumatisch verlaufenen Geburt und ihre Folgen. Auch hier gibt's Hinweise zur Unterstützung, um das Erlebte zu bewältigen.

Zum Schluss finden Sie noch Gedanken zur »Traumgeburt«, die zur Reflexion über das vergangene Erlebnis und auch beim Blick auf eine erneute Schwangerschaft wichtig sind.

9

Geburtstrauma für das Kind?

Wie erlebt das Kind seine Geburt?

Seit seiner Entstehung in Ihrer Gebärmutter ist Ihr Kind ein Menschenwesen mit eigenen Empfindungen. Durch das so nahe Zusammenleben mit Ihnen nimmt es natürlich auch an Ihren Reaktionen auf Ihre Erlebnisse teil, von Glück und Freude bis zu Schreck oder Stress. Durch seine sich immer weiter entwickelnden Sinne und diese gemeinsamen Erfahrungen mit seiner Mutter wächst sein Gefühlsleben, das wiederum wirkt sich auf sein Nervensystem und auch auf sein Gehirn aus.[1] So lernt es schon vor seiner Geburt mehr und mehr seine Welt kennen.[2]

Seine Erfahrungen beeinflussen von Anfang an sein persönlich mitgebrachtes Erbgut, und umgekehrt bestimmen auch seine Gene darüber, wie es sich vom »Auf und Ab« des Lebens berühren lässt.

So ist es möglich, dass nach einer turbulenten Schwangerschaft und einer komplizierten Geburt ein schreckhaftes Baby oder aber auch ein erstaunlicher »Sonnenschein« auf die Welt kommt.

Ich bin sicher, dass Sie Ihr Bestes gegeben haben, um Ihr Kind in Ihrem Bauch so gut Sie konnten zu beschützen. Und es hat vielleicht trotzdem schon so allerhand mit Ihnen durchgemacht! Und dann noch diese Geburt! Ach, wenn Sie doch alles von ihm fern halten könnten und es kein Unglück erleiden müsste! Ein Kind ist für das Erlebnis seiner Geburt schon mit einigen Fähigkeiten im Umgang mit Herausforderungen ausgestattet. Mit Sicherheit ist seine Reise ans Licht eine Grenzerfahrung! Wie es diese aber bewältigt, wissen wir nicht. Manche meinen, dass die Geburt als Trauma zum Dasein gehört.[3] Schauen Sie sich Ihr Neugeborenes an und probieren Sie aus, was ihm gut tut.

Wie können Sie als Eltern »heilsam« wirken?

Sie können Ihr Kind bei der Verarbeitung seiner Geburt unterstützen, indem Sie:

- Mitgefühl entwickeln,
- Ihrem Kind zutrauen, dass es auch eigene Kompetenzen mitbringt, um Schwierigkeiten zu meistern,
- und ihm ein Vorbild sind dadurch, wie Sie mit Ihren eigenen Gefühlen umgehen.

Mitgefühl entwickeln

»Wie sich wohl mein kleiner Jan gefühlt hat während dieser heftigen Wehen und als ich so geschrien hab und er all meine Panik mit abgekriegt hat? Vielleicht ist er deshalb so unruhig und muss das alles noch verarbeiten!«

»Ob der Zug der Saugglocke an seinem zarten Köpfchen sehr geschmerzt hat? Ein Wunder, dass das so ein Neugeborenes überhaupt übersteht!«

Wir können aufgrund unserer eigenen Geburt nur erahnen, was in unserem Kind vorgegangen ist, und Mitgefühl für es entwickeln.

Ihr eigener Körper ist das beste Instrument, um zu erspüren, in welcher Verfassung ein anderer Mensch gerade ist. Wilhelm Reich[4] nennt das »Vegetative Identifikation«: Wir ziehen unwillkürlich die Schultern hoch, wenn wir sehen, wie jemand einen Schlag abkriegt, oder verziehen unser Gesicht und halten die Luft an, wenn sich in unserer Nähe jemand verletzt. Nehmen Sie immer einmal wieder unbemerkt die Körperhaltung und die Mimik eines Menschen ein, als wären Sie sein Spiegel. Sie werden feststellen, dass sich die passenden Gefühle dazu bei Ihnen auch sofort einstellen und der andere erstaunt ist, woher Sie wissen, wie es ihm geht. Mit etwas Übung gelingt Ihnen das sogar dann, wenn Sie nur in der Vorstellung seinen Ausdruck imitieren.

Sie verhalten sich bereits intuitiv so, wenn Sie ein intensives Gespräch führen. Haben Sie dabei nicht auch schon öfter entdeckt, dass Sie unbewusst die gleiche Haltung einnehmen oder gleiche Gesten ausführen wie Ihr Gegenüber, sich sogar gleichzeitig am Kopf kratzen? So sehr schwingen Sie zusammen, so gut verstehen Sie sich! Diese Methode können Sie bewusst im Beisammensein mit Ihrem Kind einsetzen, um es noch besser kennen zu lernen.

Bei vielem, was wir über die Bedürfnisse eines Kindes denken, handelt es sich nämlich meist nur um unsere Interpretation seiner Gefühle, die sicher auch hin und wieder zutrifft.

Ein Beispiel, das Sie sicherlich ähnlich schon auf der Straße erlebt haben: Kind brüllt, Mutter schiebt schnellen Schrittes den Wagen. Alte Dame bleibt stehen: »*Na, mein Süßer, hast du Hunger?*« Wildfremder Mann brummt im Vorbeigehen: »*Mit den Kindern von heute wird einfach zu viel Theater gemacht. Der braucht mal seine Ruhe!*« Zwei Mütter mit »braven« Kindern (im Moment!) im Kinderwagen kommen vorbei und tuscheln sich zu: *»Na ja, wie die den auch angezogen hat, dem ist doch viel zu heiß!«* Woher nehmen all diese Leute ihr Wissen? Es handelt sich um Spekulationen, die mit jedem Einzelnen von ihnen zu tun haben. Wenn Sie den Ausdruck Ihres Babys (Haltung, Mimik, Gestik, Töne) imitieren, sich mit Ihrem Körpergefühl ganz in seine Situation hineinversetzen, spüren Sie vielleicht seine Gefühle. Ihr Körper weiß dann, welche Unterstützung Sie ihm geben könnten. So ist die Chance viel größer, dass Sie einen Treffer landen mit Ihrem Angebot, als wenn Sie darüber nachdenken, warum das Kind unglücklich ist.

Ihr Kind wird ganz unmittelbar reagieren, ohne lange nachzudenken, und zeigen, was ihm gut tut, was ihm nur vorübergehend Trost spendet oder was ihm missfällt. Beispielsweise: Ja, die Brust tut ihm gut. Sie wissen nicht, ob es Hunger hatte. An der Brust befriedigt es noch etliche andere Bedürfnisse.

Spielt es eine Rolle, ob sie wissen, warum es geweint hat? Es beruhigt sich an der Brust. Bravo! Oder es beruhigt sich dort nicht, aber sobald es an Ihrem Finger nuckeln kann. Gut! Wissen wir deshalb, warum es so untröstlich geweint hat? Nein, aber Sie entwickeln eine Fähigkeit, mit der Sie Ihr Kind kennen lernen, und Ihr Kind spürt Ihr wohltuendes Mitgefühl.

Wenn Sie Hilfe brauchen im Umgang mit dem Weinen Ihres Kindes, es Ihnen unnormal oft unglücklich erscheint oder Sie beim Nachempfinden seines Körpergefühls den Eindruck haben, es habe Schmerzen, so zögern Sie nicht, zum Arzt zu gehen oder sich Unterstützung anderer Berufsgruppen[5] zu holen. Im nächsten Kapitel finden Sie zum Umgang mit Befindlichkeitsstörungen eines Babys weitere Anregungen.

Sind »Kaiserschnittkinder« benachteiligt?

»Mir ist erzählt worden, dass ein Kaiserschnitt gar nicht so ein Spaziergang für das Kind ist. Stimmt das? Ich dachte, für Anja muss das doch einfacher gewesen sein, als wenn sie sich auf normalem Wege da hätte durchdrängeln müssen.«

Glauben Sie, Ihr Kind ist durch den Kaiserschnitt schlechter dran als ein auf natürlichem Wege geborenes Kind? Stellen Sie sich einmal mit Ihrem Körpergefühl vor, Sie lägen über lange Zeit ganz eingerollt wie ein Embryo – ja, nehmen Sie ruhig eine ganze Weile diese Haltung ein –, warm umhüllt vom Fruchtwasser und im Schutze Ihrer Mutter. Dann wird eines Tages Ihre Hülle von außen aufgeschnitten, Hände greifen hinein und holen Sie da raus an die Luft.

Nun sehe ich vor meinem geistigen Auge eine Leserin, die wie nach langem Tauchen prustend und erleichtert auftaucht, tief durchatmet und denkt: *»Gott sei Dank, endlich! Lange hätte ich das nicht mehr ausgehalten!«* Wieder eine andere Leserin wird erschrocken über den plötzlichen Verlust Ihres Paradieses sein, die Luft anhalten, den Kopf zwischen die Schultern ziehen und sich brutal behandelt fühlen. Und Sie haben bestimmt noch ganz andere Gefühle dabei!

Es sind doch ganz verschiedene Menschen, deren Geburt mit einem Kaiserschnitt endet, und sie werden in völlig unterschiedlichen Situationen geboren. Es ist also wieder unerheblich, was wir da hineininterpretieren, auch wenn es Forschungsergebnisse gibt.[6] Jede Mutter muss sich ihr Kind anschauen und in jedem Moment erspüren, wie und ob sie ihm Unterstützung anbieten kann, mit seinen Erlebnissen zurechtzukommen.

Der kindlichen Kompetenz vertrauen

Oft wissen Sie sicher auch nicht weiter und sitzen schließlich weinend neben Ihrem schreienden Kind. Trauen Sie Ihrem Kind zu, dass es auch seine eigenen Fähigkeiten hat, Schwierigkeiten zu meistern!

Ihr Kind hat wie Sie ein eigenes Selbstheilungssystem, mit dem es auf alles reagiert, was es zu verarbeiten hat. Das tut jeder Mensch auf unterschiedliche Weise und manche Kinder tun es eben zuweilen noch mit lauthalsem Gebrüll.

Sie selbst weinen vielleicht in der Situation, andere Mütter werden wütend und müssen sich hüten, ihr Kind nicht fester anzupacken, einige sagen: *»Jawohl, mein Schatz, das ist aber auch doof alles!! Schimpf man ordentlich, dann ist es gleich wieder gut!«*, und freuen sich an seinem Temperament.

Lehnen Sie sich ab und zu zurück, wenn Sie einfach nicht das richtige Angebot finden, um sein Unglück zu verwandeln. Atmen Sie tief ein und vor allem lang aus. Machen Sie Töne und finden Sie erst einmal das richtige Angebot, um Ihre eigenen Spannungen abzubauen.

Können wir das je wieder gutmachen?

»Mein Mann ist beinahe ohnmächtig geworden, als sie so an Davids Köpfchen rumgezerrt haben, weil die Schultern feststeckten. Das Schlüsselbein ist unserm David dabei gebrochen! Und da wird immer von sanfter Geburt erzählt!«

»Nun war das Gebären schon die Hölle, sodass Mia ganz schlapp hinterher dalag. Dann quälte man sie noch mit dem Absaugen und all dem anderen Stress. Und ich konnte nicht bei ihr sein und sie dabei trösten und mit ihr sprechen!«

»Was ist das für ein Lebensanfang für Karl gewesen! Allein in so 'ner Plastikkiste, ringsrum Piepgeräusche, schreiende andere Kleine, ein Schlauch in der Nase, ständiges Gepiekse bei der Blut-

abnahme und die ersten Tage mutterseelenallein. Ob ich das je wieder gutmachen kann?«

Jedes Kind erlebt seine Geburt als fühlendes Wesen mit. Dank der Hirnforschung ist bekannt, dass sich starke Erlebnisse auch auf einer körperlichen Ebene tief einprägen und Einfluss haben auf unser weiteres Leben. Vielleicht durchschreiten Menschen Phasen herausfordernder Lebensveränderungen immer wieder unbewusst mit denselben Gefühlen, die sie auch bei ihrer Geburt erlebt haben, und benutzen weiter dieselben Bewältigungsstrategien, mit denen sie bei ihrer Geburt gelernt haben, zu überleben.

Zu leben ist nach dem Kampf einer traumatischen Geburt ein erster großer Erfolg!

Herzlichen Glückwunsch!

Haben Sie sich und Ihrem Kind schon dafür gratuliert? Können Sie beide auch stolz darauf sein? Spüren Sie allein bei dem Gedanken daran, dass sich eine ganz andere Haltung in Ihnen Platz schafft, eine stolzere Aufrichtung?

Hinweis

Der Mensch kann weiter lernen und andere positive, starke Erfahrungen mit Leib und Seele machen. Wir können ein Leben lang unsere Methoden des Überlebens verfeinern.

Und dabei können Sie Ihr Kind begleiten und ihm Vorbild sein!

Dem Kind ein Vorbild sein

Wir neigen dazu, zu glauben, dass es von großer Bedeutung für das Leben eines Kindes ist, *was* es erlebt hat. Ich glaube, dass ein Kind viel stärker dadurch geprägt wird, *wie* wir ihm begegnen, *wie* wir »mit ihm erleben«. Hierbei wird deutlich, wie wir selbst leben, wie wir über das Leben denken, eben unsere Art der Liebe!

Wenn Sie also Ihr eigenes Leben so wertschätzen, dass Sie sich zutrauen, Ihr Trauma zu überwinden, dann hat Ihr Kind die große Chance, das Leben (trotz der schweren Geburt oder eben mit diesem prägenden Erlebnis) lieben zu lernen, weil Sie ihm zeigen, dass es geht! Seien Sie ihm ein Vorbild.

Wenn Sie ausreichend für Ihr eigenes Wohlgefühl sorgen, so spürt Ihr Baby das und kann sich selbst auch besser entfalten in Ihrer Nähe. Sie wissen von sich selbst, dass Sie manchmal lieber einer Person, die »schlecht drauf« ist, aus dem Wege gehen und Ihnen in der Nähe eines glücklichen Menschen das Herz aufgeht. Sie sind jetzt als Mutter (natürlich auch als Vater) noch mehr dafür verantwortlich, dass es *Ihnen* gut geht. Sie wissen dann auch leichter, was Sie Ihrem Kind noch Gutes tun wollen.

✦ Und wie geht's weiter im Buch?

Im folgenden Kapitel gehe ich detaillierter auf die Folgen der Geburt beim Baby und auf einige häufig vorkommende Befindlichkeitsstörungen ein. Sie können sich über das KISS-Syndrom, über Regulationsstörungen der Verdauung oder des Schlaf-Wach-Rhythmus und über Schreckhaftigkeit informieren. Auch Behandlungsmethoden fürs Baby werden vorgestellt.

10

Was nun, was tun fürs Kind?

Körperliche Spuren der Geburt

Manche Spuren, die eine schwere Geburt bei einem sonst gesunden Kind hinterlassen, kann man deutlich sehen, andere sind subtiler und nicht so leicht zu erkennen.

»Uwe war so ein Mopps bei seiner Geburt! Er hat es mir ganz schön schwer gemacht. Erst drohte dauernd der Kaiserschnitt, schließlich haben sie zweimal die Saugglocke angesetzt, weil sie beim ersten Zug des Arztes wieder abgegangen ist. Am Ende war Uwes rechtes Schlüsselbein gebrochen, wodurch sein rechter Arm erst fast wie gelähmt aussah. Zum Glück war das nicht der Fall!«

Der Schlüsselbeinbruch

Ein Schlüsselbeinbruch heilt von ganz allein wieder. Sie müssen nur achtsam beim Bewegen und Tragen Ihres Kindes sein, um ihm keine Schmerzen zu bereiten.

Nach zwei Wochen können Sie mit der *Schmetterlingsmassage*[1] beginnen – einem ganz sanften Ausstreichen von Kopf bis Fuß – und mit vorsichtigen Bewegungsübungen der Ärmchen, sodass Sie Ihrem Kind Freude bereiten.

Falls eine anfängliche Schonhaltung bestehen bleiben sollte oder Ihr Kind deutlich Schmerzen bei Berührung und Bewegung äußert, weisen Sie Ihre Kinderärztin darauf hin.

Spuren der Geburt am kindlichen Kopf

»Max hatte noch Wochen nach seiner Geburt eine dicke Beule seitlich am Hinterkopf von der Saugglocke. Die hat sich aber von ganz alleine zurückgebildet!«

»Unsere Anja sah nach der Geburt aus wie Nofretete, so lang war ihr Hinterkopf nach hinten gezogen. Wir haben gestaunt, wie schnell sie schon am nächsten Tag wieder eine ganz normale Kopfform hatte.«

»Durch die Beckenendlage hatte Maja oben am Scheitel einen ganz abgeflachten Kopf und hielt auf dem Wickeltisch ihre Beinchen immer noch hochgeklappt, wie ein Taschenmesser. So genau muss sie im Bauch gelegen haben. Das sah ganz schön merkwürdig aus, hat sich aber schnell gegeben.«

»Man sah richtig eine Stufe auf dem Kopf von Sven. Er hatte sich quer gestellt, der kleine Dickkopf, und war die langen Stunden der Wehen immer verkehrt auf mein Becken geschoben worden, bis ihn dann der Kaiserschnitt erlöst hat!«

Schädelverformungen sind wohl die häufigsten sichtbaren Spuren einer Geburt beim Neugeborenen. Der Kopf des Kindes ist so fantastisch »konstruiert«, aus lauter nah aneinander liegenden und sogar verschiebbaren einzelnen Knochen, dass er sich gut dem Geburtsweg der Mutter anpassen kann. Vielleicht können Sie auch bei Ihrem Kind Kanten fühlen, wo sich Schädelknochen ein wenig übereinander geschoben haben. Manchmal wirken auch Gesicht und Kopf leicht schief und asymmetrisch. Vieles bildet sich nach einiger Zeit von selbst zurück – ein gutes Beispiel für die Selbstheilungskräfte Ihres Kindes.

Diesen Prozess können Sie noch mit liebevollen, sanften *Streichmassagen* in die richtige Richtung unterstützen. Als ich noch als Hebamme in einem Hamburger Krankenhaus arbeitete, habe ich staunend beobachtet, wie einige türkische Frauen, Mütter und Großmütter dem neu angekommenen Familienmitglied das Köpfchen regelrecht zurechtzudrücken schienen.

Sie fragen sich wahrscheinlich, woran Sie denn merken würden, ob bei Ihrem Kind die *Selbstregulierung* gut funktioniert? Falls Sie selbst sehen oder von anderen darauf angesprochen werden, dass das Gesicht oder die Körperhaltung Ihres Kindes anhaltend schief und asymmetrisch erscheint, es immer nur zu einer Seite schaut oder stark übereinander geschobene Schädelknochen zu fühlen sind, ist es ratsam, eine *osteopathische oder craniosacrale Behandlung* zu beginnen.

Auch prophylaktisch rate ich bei allen Beckenendlagen und allen verlängerten und erschwerten Geburten dazu. Ebenso, wenn Sie bei Stillproblemen mit einer Stillberaterin nicht den gewünschten Erfolg erzielen.[2]

Das KISS-Syndrom[3] – Die Kopfgelenk-induzierte Symmetrie-Störung

Bei der Geburt sind der Kopf des Kindes und der Übergang vom Kopf zur Wirbelsäule der Körperbereich, der den stärksten Druck- und Zugkräften ausgesetzt ist. Dadurch können auch so starke Verschiebungen der Schädelknochen oder der oberen Halswirbel entstehen, dass sie dem Kind Unwohlsein bis hin zu heftigsten Schmerzen bereiten.

Die Häute, die das Gehirn und das Rückenmark in ihrer Flüssigkeit umhüllen, liegen von innen dicht an den Schädelknochen an, kleiden die Wirbelsäule aus und sind am Übergang vom Kopf zum Hals befestigt. Schon eine leichte Reizung dieser Häute durch kleine Fehlstellungen der Knochen kann großes Unbehagen bereiten.

Durch entsprechend angepasste Haltungen und Bewegungen würde ein Kind mit dieser Störung leben lernen, wenn es keine Behandlung bekäme. Ein Teil seiner Energie würde aber für die ständige Arbeit, Schmerz zu vermeiden, abgezogen.

Osteopathen, Cranio-Sacral-Therapeutinnen und Chiropraktoren[4] sind dafür ausgebildet, Ihrem Kind in so einem Fall zu helfen. Je früher Einfluss genommen werden kann, desto geringer werden die Beschwerden und desto leichter und schneller ist auch die Behandlung.

In letzter Zeit scheint es – wie eine Modeerscheinung – immer öfter so genannte »KISS-Kinder« zu geben. Die Kinderärzte teilen sich in »Diagnose-Steller und KISS-Erfahrene« und solche, die das alles für Quatsch halten. Im Internet[5] finden sich Erfahrungsberichte über die Symptome der Kinder und die Verzweiflung der Eltern, bis endlich einem Wunder gleich die Störung erkannt und behoben wurde. Auch Adressen von behandelnden Fachleuten in ganz Deutschland finden Sie dort.

Diagnose: Wie macht sich ein KISS-Syndrom bemerkbar?

»Marcus war von Anfang an unglücklich auf dieser Welt! Sein schrilles Schreien ging durch Mark und Bein! Man konnte ihn dann gar nicht mehr erreichen, so außer sich geriet er! Die Momente am Tag ohne Schreien konnte ich an einer Hand abzählen.«

»Klärchen ist eine ganz Weiche: ›Ein Gemütsmensch‹, sagten alle, die sie sahen. Sie schlief fast nur und lag immer entspannt da. Sie entwickelte aber allmählich eine Schlaffheit, die dem Kinderarzt auffiel, und sie lag immer wie ein C da, immer seitwärts gebogen und guckte auch immer nur zu der einen Seite.«

»Mara ist überhaupt nicht anschmiegsam! Sie biegt sich immer weg von mir und stößt sich sogar beim Stillen schreiend von mir ab.

Manchmal denk ich schon, sie mag mich nicht! Sie schläft aber auch mit nach hinten gebogenem Köpfchen, wie ein Flitzebogen!«
»Ich habe gelesen, dass Neugeborene ca. 17 Stunden Schlaf in 24 Stunden brauchen. Unser Sohn schläft höchstens mal eine Viertelstunde ein paar Mal am Tag und in der Nacht, wenn's hoch kommt, drei Phasen à zwei Stunden. Er wirkt auch gar nicht erholt danach, sondern wacht eher schreiend und ungnädig auf. Der muss ja völlig überdreht sein jetzt nach vier Wochen, kein Wunder, dass er so unruhig ist und so viel weint!«
»Unser Stillen entwickelt sich allmählich zum Zweikampf. Julia rund an meinen Bauch zu halten geht nur, wenn ich sie richtig in den Schwitzkasten nehme. Sie biegt sich mit aller Kraft weg und lässt immer wieder los. Das kann doch nicht der Sinn der Sache sein!«

Diese Kinder haben Schmerzen und jedes von ihnen nutzt seine Fähigkeiten anders, sich selbst zu helfen oder um Hilfe zu rufen. Manche schreien schrill und es gibt fast nichts, womit sie wirklich zu beruhigen wären. Auch vorübergehend getröstet sehen sie noch unglücklich aus. Einige gewöhnen sich eine auffällige Haltung an, um den Schmerzen aus dem Weg zu gehen, und entwickeln dafür Muskeln wie kleine Leistungssportler. Andere wirken erstaunlich zufrieden, sind aber ganz schlapp und zeigen wenig Interesse an der Welt.

Die nach hinten oder zu einer Seite gebogene Körperhaltung ist das beste Erkennungszeichen. Bei der seitlich gebogenen Haltung gibt es noch ein zusätzliches Erkennungsmerkmal: Am Hinterkopf entsteht vom Liegen eine kleine kahle Stelle ohne Haar, aber nur auf einer Seite, nicht in der Mitte wie bei anderen Kindern.

Weder Angebote noch Ratschläge von erfahrenen Müttern oder Fachleuten, kein Training mit »Babylesestunden«[6] und kein Schlaftraining[7] bringen diesen Kindern und ihren Eltern wirklich Erlösung!

Behandlung

Aber es gibt Fachleute für das KISS-Syndrom: Chiropraktoren erzielen mithilfe eines schnellen einrenkenden Griffs wahre Wunder. Von den Schmerzen erlöst ist das Kind nach der Behandlung wie ausgewechselt und die Eltern atmen endlich wieder durch! Häufig müssen die Eltern ihr Kind aber nach dieser Methode etwa zweimal im Jahr wieder behandeln lassen, weil die Störung zurückkehrt. Werden die Kinder älter, können unbehandelt auch andere Symptome auftreten wie Unruhe, Kopfschmerzen, Konzentrationsstörungen, Sabbern oder Verzögerung der Sprachentwicklung.

Bei anderen Methoden wie der Osteopathie oder der Cranio-Sacral-Therapie braucht das Kind zu Beginn meist mehrmals eine Behandlung (ein- bis zweimal pro Woche, ca. vier bis sechs Wochen lang), bis sich eine deutliche Besserung bemerkbar macht. Da die Selbstheilungskräfte angeregt werden und das Gewebe den eigenen Weg findet, den gestörten Zustand bestmöglich aufzulösen, ist der Erfolg aber oft dauerhafter.

Wie können Eltern ein untröstlich weinendes Baby unterstützen?

Die Eltern eines untröstlich weinenden Kindes sind nach einer Weile ratlos und verzweifelt, weil ihr Kind ihnen nicht die Rückmeldung geben kann: »*Danke, was ihr mit mir macht, tut mir gut! Ich fühle mich wohl bei euch!*«

Sie beginnen an ihren Fähigkeiten zu zweifeln und geraten an die Grenzen ihrer Belastbarkeit. Sie brauchen Unterstützung bei ihrer Aufgabe, dieses »Kind mit besonderen Bedürfnissen« zu versorgen.

Hinweis

Ganz wichtig für Sie als Eltern, die vom stundenlangen Schreien Ihres Kindes am Rande Ihrer Nerven sind, sind eine Halt gebende Tagesstruktur und ein verlässliches Unterstützungsnetz für Ihre besondere Aufgabe. Hilfreich können sein:

- eine Freundin, die täglich zwei Stunden den Kinderwagen durch den Park schiebt, damit Sie als Mutter eine Massage bekommen können, einfach mal in Ihrer Wohnung ganz allein sitzen oder schlafen können;
- körpertherapeutische Sitzungen, z.B. in einer so genannten »Schreisprechstunde«;[8]
- ausreichend Hilfe im Haushalt: Spannen Sie Ihre Freunde ein und suchen Sie sich eine Reinigungskraft;
- einmal pro Woche ein Babysitter, damit Sie als Paar ohne Kind zusammen sein können;
- zuverlässige gegenseitige Entlastung des Elternpaares. Treffen Sie individuelle Absprachen, die so weit wie möglich Ihren Bedürfnissen entsprechen!

Befindlichkeitsstörungen

Die Verarbeitung von Medikamenten

Bei einer schwierigen Geburtsgeschichte sind eigentlich immer Medikamente mit im Spiel. Sie haben vielleicht Wehen hemmende oder fördernde Mittel erhalten, Schmerz lindernde Mittel oder eine Narkose. Bei allen Arzneimitteln, die unter der Geburt verwendet werden, wird immer bedacht, dass auch das Kind die Wirkstoffe über die Plazenta aufnimmt, es diese also, ohne Schaden zu nehmen, verarbeiten können muss.

Aber natürlich belasten sie seinen Stoffwechsel und wirken auch auf seinen Körper. Kinder, die eine Betäubung ihrer Mutter oder Rauschmittel mit verdauen müssen, sind z.b. schläfriger in den ersten Tagen. Da genießen Sie vielleicht die Ruhe und sind stolz auf Ihr friedliches Baby, aber nach einer halben Woche gibt's plötzlich Stillprobleme, denn die Süße hat es verschlafen, bei Ihnen den Milchbetrieb anzukurbeln! Nun aufgewacht aus ihrem »Rausch«, weint sie, weil nicht genug da ist! Das passiert oft nach einem Kaiserschnitt. Wenn Sie vielleicht schon daran zu knabbern haben, dass die Geburt »nicht geklappt« hat, geht's gleich beim Stillen weiter mit dem Versagensgefühl.

Es gibt heute sehr gut ausgebildete *Stillberaterinnen*[9], die zu Ihnen ins Krankenhaus kommen und auch Hausbesuche machen. Auch die freiberufliche Hebamme[10], die Sie fürs Wochenbett engagiert haben, kann Ihnen mit Rat und Tat zur Seite stehen. Manche Kliniken haben selbst eine Fachfrau für die stillenden Mütter angestellt oder ihr Personal auf der Wochenstation so geschult, dass sie die WHO/UNICEF-Plakette »Stillfreundliches Krankenhaus«[11] erhalten haben.

Geben Sie nicht zu schnell auf und füttern Sie nicht zu schnell mit der Flasche zu, wenn Sie den Wunsch haben, zu stillen.

Ein schläfriges Baby kann übrigens durch eine *Babymassage* angeregt werden und braucht eventuell mehr Vorgaben von Ihnen beim Schlaf- und Trink-Rhythmus.

Regulationsstörungen

Wir Menschen kommen im Vergleich zu den Säugetieren als »physiologische Frühgeburten« auf die Welt. Es ist »normal«, dass unsere Organsysteme noch unreif und wir auf Unterstützung von außen angewiesen sind, um für einige Grundbedürfnisse erst eine angemessene Selbstregulation zu erlernen.

Wenn wir außerdem noch mit einer nervösen Grundspannung auf die Welt kommen, ist die Regulierung einiger wesentlicher Vorgänge wie z.B. der Nahrungsaufnahme und Verdauung, des Schlaf- und Wachrhythmus erschwert.

Unreife des Verdauungssystems

Bei einigen Menschenkindern fällt die Diagnose »unreifes Verdauungssystem«. Ihre Selbststeuerung, also wie viel und wie häufig sie Nahrung aufnehmen, und ihre Verdauung klappen nicht so reibungslos. Das betrifft am häufigsten Kinder, die erheblich zu früh geboren sind, und auch solche, die nur wenige Wochen vor dem errechneten Geburtstermin geboren sind.

Diese Kinder haben mit Blähungen zu tun und weinen deshalb immer ca. eine halbe Stunde nach der Mahlzeit. Sie treten mit den Beinen, krümmen sich, werden ganz rot im Gesicht, und ihre Verdauung wird von lauten Geräuschen begleitet.

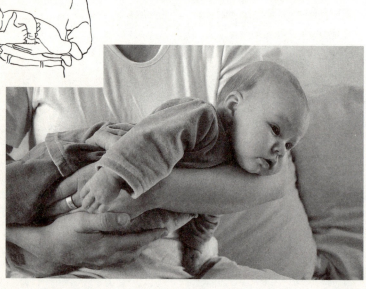

Der »*Fliegergriff*«, das aufrechte Tragen nach der Mahlzeit fürs Bäuerchen und für den Halt bei der schweren Verdauungsarbeit, schafft dem Baby Erleichterung. Legen Sie ihm z.b. Ihre Hände gegen die Füße, damit diese nicht so in der Luft herumrudern müssen, sondern das Kind einen Widerstand spürt, gegen den es treten kann.

Sein Schreien wird sich kaum verhindern lassen, wenn es doch so drückt, das entlastet Ihr Kind sogar.[12] Es spürt aber auch gern die elterliche Unterstützung bei seinen eigenen Bemühungen!

Kennen Sie einen Heilpraktiker, der sich auf *Homöopathie* oder *Bachblüten* spezialisiert hat? Ich gebe ungern pauschale naturheilkundliche Tipps, weil gerade diese feinen Therapien immer ganz genau auf die spezielle Situation und das Verhalten eines Kindes abgestimmt sein müssen, um effektiv zu wirken. Wenn Sie noch niemanden kennen, fragen Sie nach klassischen Homöopathinnen in Ihrer Nähe.[13]

Bei einer ausführlichen *Stillberatung* entdecken Sie eventuell auch noch Möglichkeiten, Ihr Kind so zu nähren, dass seine Verdauung einfacher funktioniert.

Besonders die Übergänge von der Nahrungsaufnahme zur Verdauung, von der Neugier zur Müdigkeit, von Spannung zu Entspannung sind für ein reibungsloses Funktionieren entscheidend. Diesen Übergängen gilt es aufmerksam zu begegnen. Sie haben einen eigenen Rhythmus, der angenehm schwingen oder störend holpern kann.

Die schon erwähnte *Cranio-Sacral-Arbeit* und die Osteopathie können Ihrem Kind deshalb auch in diesem Fall gut tun, weil durch die Behandlung der einflussreiche Cranio-Sacral-Rhythmus reguliert wird und dadurch ausgleichend auf alle anderen Rhythmen im Körper einwirken kann. So entsteht mehr Wohlgefühl und die Fähigkeit wächst, dem Auf und Ab der Körperfunktionen auch ohne äußere Hilfe zu folgen.

Ich bin immer wieder erstaunt und beglückt, wenn sich ein eben noch unruhig gestikulierendes Baby bei der ersten minimalen Bewegung seines Köpfchens in meinen Händen völlig entspannt hinlegt, wie staunend nach innen lauscht und ganz selig entrückt erscheint. Amüsant sind auch die bei der Behandlung gelegentlich stattfindenden kraftvollen Entladungen des Darmes.

Ein gestörter Schlaf- und Wachrhythmus

Von »unreifer Selbstregulation« spricht man auch bei einem Baby, das mit dem Schlafen seine Mühe hat. Ein Neugeborenes braucht im ersten Vierteljahr ungefähr 70 % des Tages Schlaf – als Schulkind wird es dann noch 50 % des Tages schlafend verbringen und wir Erwachsenen kommen mit ca. 30 % aus. Aber auch in den Wachzeiten ist das Bedürfnis nach einem entspannten Bei-sich-Sein (Ruhe, wenig Anregung für die Sinne)

Befindlichkeitsstörungen

noch extrem unterschiedlich: Ein Neugeborenes befindet sich im Wachzustand (beim Stillen, Wickeln, Tragen) noch viel in einem tranceähnlichen, staunenden Zustand, mit einigen Wochen hat es schon etwas mehr aktives Interesse an der Welt entwickelt, es ermüdet aber noch schnell.

Auch mit drei Monaten wäre es noch eine Überforderung, wenn die ca. 25 % des Tages, die der Säugling wach verbringt, voller neuer Eindrücke, Aktivität und Bewegung wären. Ein sechsjähriges Kleinkind ist dagegen schon kaum noch zu bremsen in seinem Bedürfnis zu lernen und dafür Anregungen zu suchen.

Wir Erwachsenen gehen oft bei uns selbst über die differenzierte Wahrnehmung dieser unterschiedlichen Bedürfnisse hinweg. »Burn-out«, »Workaholic«, »Freizeitstress« haben wir die Folgen getauft. Selbst bei unserem – prozentual an 24 Stunden gemessenen – verhältnismäßig geringen Anteil an Ruhebedürfnis kann seine Missachtung gravierende gesundheitliche Auswirkungen haben.

Ein neuer Mensch hat noch keine Mechanismen entwickelt, ein fehlendes Grundbedürfnis auszugleichen. Wenn das Baby seinem Schlafbedürfnis nicht rechtzeitig nachkommen konnte, kann es nur noch schreien. Damit versucht es, sowohl sich selbst zu helfen als auch uns zu Hilfe zu rufen. Jetzt sind wir durch den dringlichen Tonfall gezwungen, unsere Wahrnehmung von Körpersprache ernst zu nehmen und zu schulen.

Hinweis

Wachzeiten bestehen aus dem Öffnen nach außen zur Anregung und aus dem Abschirmen von Reizen zur Innenschau!

Schlafphasen

So wie der Wachzustand Zeiten der Anregung und Möglichkeiten des Rückzugs braucht, gibt es auch im Schlaf unterschiedliche Phasen. Das Wissen darüber kann entscheidend dazu beitragen, dass Ihr Kind friedlicher wird!

Man unterscheidet den Tiefschlaf und Traumphasen, die man auch REM-Schlaf nennt. Im REM-Schlaf[14] ist das Gehirn wach und aktiv. Es gibt uns so zu sagen Anregung zum Lernen von innen, eine eingebaute Wachstumschance! Wir Erwachsenen verbringen bei acht Stunden Schlaf insgesamt ca. sechs Stunden im Tiefschlaf und träumen ca. zwei Stunden pro Nacht (allerdings nicht am Stück).

Ein Kind im Mutterleib verbringt zu Beginn seiner Entwicklung noch seine gesamte Schlafenszeit im Traumzustand und entwickelt dabei stetig seine Gehirnzellen weiter. Kurz vor und nach seiner Geburt sind es nur noch 50 % REM-Schlaf.

Je weiter dieser Anteil an »innerer Anregung zum Lernen« im Laufe des Älterwerdens sinkt, desto größer darf der Anteil an Anregung von außen werden.

Zwischen REM- und Tiefschlaf gibt es Übergänge, in denen der Schlaf leichter ist und in denen wir bei einer Störung schneller aufwachen würden. Während sich beim Erwachsenen beide Schlafarten nur ca. vier Mal in einer ganzen Nacht abwechseln, durchlebt ein Neugeborenes innerhalb seiner etwa dreistündigen Kurzschläfchen mehrfache Übergänge zwischen Traum und Tiefschlaf. Es gibt also viel mehr empfindliche Übergänge fürs Aufwachen!

Hinweis

Nicht jedes Aufwachen heißt: »Ich hab ausgeschlafen!«

Ein kurzes Meckern über die Störung, ein leichtes Schunkeln des Bettchens, ein beruhigendes Summen der Mutter ... und es kann in die nächste Schlafphase eintauchen.

Möglichkeiten der Selbstregulation
Kinder drücken ihre Bedürfnisse in ihrer Gestik und Mimik aus. Schon ein Säugling guckt zur Seite, wenn ihm der Kontakt mit einem Menschen genug war. Er bekommt einen verträumten Blick, der nichts mehr wahrzunehmen scheint, wenn er auf Rückzug umschaltet. Im Gegensatz dazu rudert er mit Armen und Beinen, die Augen blitzen, die Brauen hochgezogen, das Mündchen gespitzt, wenn er Lust auf »action« hat. Dann wieder reibt er sich die Äuglein, wenn er müde wird.

Ohne diese Fähigkeit, selbst zwischen Ruhe und Anregung im angemessenen Takt hin und her zu pendeln, kommt meist die ruhige Phase zu kurz und Ihr Kind wirkt nervös, überreizt, übermüdet. Um diesen unangenehmen Zustand selbst zu beheben, fängt es an zu weinen, zu brüllen, herumzustrampeln. Machen Sie das mal nach! Es ist herrlich, weil nach einer Weile durch die Erschöpfung endlich Entspannung eintritt.

Sie haben in solchen Situationen Ihrem Kind sicher schon ab und zu die Mühe erspart, indem Sie für Ihr Kind das »Gezappel« übernommen haben: Sie haben es auf Ihrem Arm gewippt, sich gedreht, auf dem Pezzi-Ball rumgehopst, haben den Flur zur Marathon-Laufstrecke erklärt und am Ende waren Sie beide erschöpft. Ich habe es genauso gemacht. Heute überlege ich manchmal, ob ich damit nicht meine Söhne auch um den Erfolg gebracht habe, die Situation selbst zu bewältigen. Ich denke, ich konnte nicht anders handeln, weil mir das Weinen zu sehr an die Nieren ging.

Probieren Sie aus, wie viel Unruhe Ihres Kindes Sie vertragen, wie viel Sie ihm zumuten, selbst loszuwerden, und wie viel Sie ihm abnehmen wollen. Üben Sie, ihm mehr und mehr zuzutrauen, je älter es wird. Das wird seinem reifenden »Selbstregulationssystem« und seinem Selbstbewusstsein gut tun.

Wochenplan und Tagesrhythmus
Bei dem Reifungsprozess der Selbstregulation von Spannung und Entspannung helfen Sie einem unruhigen Kind, wenn es von Ihnen mehr Struktur vorgegeben bekommt. Es beruhigt ein Kind und gibt ihm Sicherheit, wenn es erfährt, dass der Spaziergang, der Mittagsschlaf, das Bad, das abendliche Ins-Bett-Bringen – vor allem diese der Entspannung dienenden Phasen – verlässliche Fixpunkte seines Tages sind. Verschaffen Sie sich eine Woche lang einen Überblick, wie Ihr Tagesablauf im Moment aussieht (siehe nebenstehende Tabelle).
Tragen Sie mit kleinen Symbolen (siehe Beispiele) oder unterschiedlichen Farben in die Liste ein, wann Sie stillen (⧖), wann Ihr Kind Stuhlgang hat (✓), wann Sie an die frische Luft gehen (O), wann das Baby zufrieden (☺) oder sogar vergnügt (☺) ist, wann es weint (☹) oder so schreit, dass Sie an Ihre Grenzen kommen (💢), wann es schläft (☾) und alles Weitere, was für Ihr Zusammenleben wichtig ist. So bekommen Sie einen Überblick über die schon vorhandene Struktur und können erkennen, wo die guten Phasen des Tages sind. Die lassen sich mit Sicherheit noch vergrößern und die Ruhephasen auch!

Schreckhaftigkeit
Reißt Ihr Kind in Rückenlage häufig die Arme weit auseinander und erschrickt bei jeder Kleinigkeit? Geschieht das auch, wenn es gerade eben eingeschlafen war? Und dann geht die Mühe des Einschlafens wieder von vorn los? Imitieren Sie auch diese Geste ein paar Mal hintereinander.

Wochenplan

Uhr	5	6	7	8	9	10	11	12	13	14	15	16	17	18	19	20	21	22	23	0	1	2	3	4
MO																								
Di																								
Mi																								
Do																								
Fr																								

Es ist ein panikartiges, furchtbar haltloses Gefühl, als fiele man nach hintenüber. Dies ist zwar ein wichtiger Reflex[15] für Ihr Baby, falls es wirklich fallen sollte, ist aber kein erstrebenswerter Dauerzustand. Dann fehlt irgendwann das tiefe Durchatmen, das für ein vertrauensvolles Einschlafen oder Entspannen notwendig ist. Sein Körper bleibt in Hab-Acht-Haltung und entwickelt eine hohe Grundspannung, um sich den Halt, den es vermisst, selbst zu geben.

Ein Trick für solche sehr schreckhaften Säuglinge ist das feste »Pucken« (siehe nebenstehende Illustration). Dabei werden dem Kind wie einem Indianerbaby mit einer kleinen Wolldecke die Arme fest an den Körper gewickelt.

In dieser Umhüllung bekommt es bei jedem kleinen Hochzucken sofort die Botschaft *»Du bist hier sicher und gehalten!«*. Das Kind kann entspannt bleiben und selbst leichter wieder einschlafen.

Bewegungsabläufe bei der Pflege

Alle Bewegungen, die Sie mit Ihrem leicht zu irritierenden Kind ausführen, sollten Sie fließend und in Zeitlupe ausführen. Sprechen Sie dabei mit ihm, wenn es wach ist. Suchen Sie Kontakt mit seinen Augen, wenn es dafür bereit ist. Rollen Sie es über die Seite ab, wenn Sie es vom Arm ablegen oder vom Liegen hochnehmen.

Seinen Armen und Händchen können Sie viel Berührung anbieten und seinem ganzen Körper ringsum viel Halt geben. Das geht gut mit dem Stillkissen, mit einer Babydecke, einer Hängematte, dem »Lulla-Baby«[16], einem Tragetuch oder Tragesack[17] oder auf Ihrem Arm. Lassen Sie sich eventuell von einer Physiotherapeutin das spezielle »Handling«[18] zeigen.

Bei der Babymassage kommt es vor, dass diese Kinder nicht gern ganz nackt sind. Entkleiden Sie immer nur die Körperpartien, die Sie gerade streicheln. In der Bauchlage entspannt

Befindlichkeitsstörungen

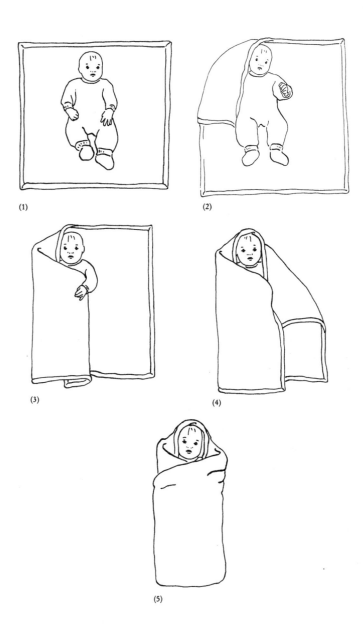

es sich auch leichter, weil der Schreckreflex gar nicht passieren kann. Deshalb genießt Ihr Kind beim Baden auch eher die Bauchlage oder zieht einen Eimer[19] vor, in den es senkrecht eingetaucht wird, statt in einer Wanne rückwärts ins Wasser zu sinken.

Manche Hebammen wickeln ein Baumwolltuch um das nackte Baby und tauchen es damit in die Wanne. Dann entfalten sie erst im warmen Wasser langsam das Tuch, damit das Kind sich dort auch einmal wohlig ausdehnen kann.

Gibt es PTBS beim Neugeborenen?

Wenn wir noch einmal die Symptome der posttraumatischen Belastungsstörung wiederholen (Übererregung, Albträume, innere Starre), so fällt auf, dass ich in diesem Kapitel gerade über Schreckhaftigkeit, Schlafstörungen und Schlaffheit bis Interesselosigkeit bei manchen Kindern nach ihrer Geburt gesprochen habe.

Bei der Traumaforschung wurde deutlich, dass Kinder eine höhere Empfindlichkeit für psychische Traumatisierung aufweisen.

Sicher ist das verzweifelte Schreien eines Babys auch »eine normale Reaktion auf ein unnormales Ereignis«. Aber es erscheint uns nicht normal, weil wir einem Kind für seinen Lebensanfang einen Zustand glücklicher Entspannung und freudiger Neugier auf die Welt wünschen.

Stellen Sie sich noch einmal das Bild der Schnecke vor, die ihre zarten Fühler und ihren weichen Körper ganz und gar fest in ihr Haus zurückgezogen hat. Das ist weder entspannend noch entfaltet sich darin freudige Neugier.

Nehmen wir an, das Kind wäre in diesem Zustand und seine Aufmerksamkeit außerhalb seines Körpers unterwegs – es ist außer sich! –, was würde es dann brauchen? Geben wir einem verschreckten Kind die Hülle eines »festen Schneckenhauses«, so braucht es nicht selbst seine Hülle, seinen Körper so erstarren zu lassen, um sich sicher zu fühlen. Pucken wir es in eine wärmende Hülle, dass es wieder »zu sich« kommen kann.

Wenn es im Schutz seiner Eltern viele gute Erfahrungen mit der Welt gemacht hat, können sich wieder Entspannung und Neugier entwickeln. Dazu braucht Ihr Kind eine warme, ruhige Umgebung mit minimalen Reizen, Raum, sich auszudrücken, Raum, sich zurückzuziehen, und das Zutrauen der Eltern, dass es stark genug ist, sich nach einer Störung auch selbst wieder zu entlasten.[20]

Hinweis

Sie als Eltern eines besonders belastet wirkenden Babys haben eine besondere Aufgabe zu meistern und sollten sich nicht scheuen, Hilfe dafür in Anspruch zu nehmen.[21]

Das Ziel ist ja nicht nur, ein entspanntes, süßes Baby zu haben, sondern einem Menschen die Grundlagen für eine gesunde Entwicklung von Körper und Seele zu geben.[22] Dazu braucht ihr Kind die Möglichkeit:

- Vertrauen in seine Fähigkeiten und Selbstheilungskräfte aufzubauen,
- Vertrauen in fremde Hilfe und Liebe zu erfahren, um selbst Liebe empfinden und geben zu können und sich in eine unterstützende Gemeinschaft einbinden zu können,

- Fähigkeiten zu entwickeln, mit Krisen und Herausforderungen umgehen zu können,
- sich an den menschlichen Werten seiner Eltern zu orientieren, um eines Tages für sich Lebenssinn und -ziele zu entwickeln.

✈ Und wie geht's weiter im Buch?

Im Kapitel 14 »Die Traumgeburt« finden Sie Gedanken dazu, wie die Geburt auch für das Erleben des Kindes traumhaft gestaltet werden könnte.

Zunächst folgen jetzt aber der zum Vater gewordene Mann und das geburtshilfliche Team mit ihrer jeweils eigenen Verarbeitung einer schwierigen Geburt.

11

Geburtstrauma für den Mann?

Ich frage mich oft, wohin Männer mit ihren durchlebten Gefühlen nach der Geburt ihres Kindes gehen. Nun ergreife ich die Gelegenheit und stelle Ihnen all diese Fragen.

Wie ist es Ihnen ergangen?

Es ist für Sie ja sicher keine alltäglich erprobte Situation, einem Menschen beizustehen, ohne wirklich helfen zu können! Oder gar Ihre Frau so an ihren Grenzen zu sehen!
Wer stand Ihnen bei, als Sie innerlich weglaufen wollten?
Sind Sie bildlich gesprochen immer noch unter dem Bett versteckt wie auf dem Gemälde »Geburt« von Chagall oder »holen Sie den Fluchtimpuls nach«, indem Sie sich mit Arbeit überladen?
Wie haben die erlittenen Schrecken Ihre Beziehung zu Ihrer Frau verändert? Sprechen Sie miteinander über das Erlebte? Oder möchten Sie endlich nichts mehr davon hören?

Haben Sie »versagt«?

Waren Sie bei der Geburt Ihrem Gefühl nach völlig überflüssig oder, schlimmer noch, haben Sie »alles falsch gemacht«? Waren Sie hilflos und wurden von Ihrer Frau nur angeknurrt und weggescheucht? Waren Sie zu viel mit ihr allein und von der Verantwortung überfordert?

Hätten Sie lieber für Ihre Frau gekämpft und sich wie ein Ritter vor dem Ungeheuer der Wehenschmerzen aufgebaut und es erlegt, als nur tatenloser Zeuge zu sein, wie dieses Ungeheuer Ihre Frau im Griff hatte?

War die Hebamme in Ihren Augen ein Drachen, vor der Sie Ihre Frau auch nicht beschützen konnten, weil Sie beide ja von ihrer Hilfe abhängig waren? Oder haben Sie »etwa die ganze Atmosphäre verdorben«, weil sie den Drachen angefaucht haben und dann alles nur noch schlimmer wurde?

Hatten Sie dauernd Sorge, der Länge nach hinzuschlagen und in einer Ohnmacht zu versinken? Oder sind Sie tatsächlich umgekippt und haben Ihrer Partnerin den nötigen Halt nicht geben können?

Was taucht in Ihren Träumen auf?

In Träumen, Fantasien und Gedanken verarbeitet der Mensch Erlebtes. Ist es das Schicksal, mit dem Sie seit der Geburt sich wiederholende, innere Dialoge führen? Sehen Sie immer wieder große Spritzen und medizinisches Gerät vor dem geistigen Auge? Bekommen Sie immer noch eine Gänsehaut, wenn Sie an die Schreie Ihrer Frau denken? Haben Sie sich schon im Kreißsaal an frühere Erlebnisse mit Schmerz und Gewalt erinnert? Erscheinen Ihnen bedrohliche Figuren im Traum, gegen die Sie sich nicht wehren können?

Um wen hatten Sie Angst?

Um das Leben Ihrer Frau? Waren Sie zeitweise voneinander getrennt und wussten nicht, was mit ihr passiert?

Hatten Sie Angst um Ihr Kind und waren wie gelähmt, als das CTG schlechte Herztöne aufzeigte und plötzlich alles ganz schnell gehen musste? Erschien Ihnen die Geburt mit Zange oder Saugglocke brutal und erschreckend?

Welche Folgen hatte all das für Sie?

Liefen Ihnen erleichtert die Tränen übers Gesicht, als alles überstanden war? Durften Sie allein mit Ihrem Neugeborenen im Arm im warmen Kreißsaal warten, bis Ihre Frau aus dem Operationssaal zurückkam?
Waren Sie einfach nur fertig und haben wie ein Stein geschlafen, als Sie endlich zu Hause ankamen? Haben Sie noch eine Weile die Erschöpfung im ganzen Körper gemerkt?
Können und wollen Sie immer noch nicht darüber reden, weil es einfach zu schrecklich war? Wollen Sie, dass auch Ihre Frau endlich aufhört zu weinen, denn es ist nun mal geschehen?
Und soll es nie wieder dazu kommen: »*Das war das letzte Mal, ich will mit Schwangerschaft und Geburt nix mehr zu tun haben!*«?

Und die Sexualität?

Ist Ihnen »der Appetit« vergangen? Haben Sie Bilder vor Augen, die Ihre Lust auf Ihre Frau bremst? Wollen Sie nicht der Verursacher einer erneuten Schwangerschaft sein? Gruseln Sie sich allmählich vor den Gefühlen Ihrer Frau und haben Sie Angst, dass Sie nicht wieder wird, wie sie mal war?

Doch wieder schwanger?

Und was ist nun? Wohin tragen Sie Ihre Bedenken? Wie erreichen Sie den Zustand, erneut »guter Hoffnung« zu sein? Wie können Sie Stärkung für sich bekommen, um Ihre Frau zu unterstützen?

Was tun?

Kennen Sie die Folgen eines Traumas?

Für Sie ist sicher auch das theoretische Kapitel über Trauma und seine Folgen interessant zu lesen. Ob Sie mit einer der Methoden zur Selbsthilfe Erfahrungen sammeln mögen – vielleicht sogar zusammen mit Ihrer Partnerin?

Moderation von Paargesprächen

Vielleicht fällt es Ihnen aber auch leichter – wie den Paaren, die gemeinsam in meine Praxis kommen –, einer außenstehenden Person den eigenen Blickwinkel des Geschehens zu erzählen, während Ihre Partnerin dabei ist und zuhört. Mithilfe einer geschulten »Moderatorin«, die gezielt nachfragt und Sie beide als Personen anerkennt, könnten Sie dann über die eigene Art und Weise, Ihre Gefühle zu verarbeiten, leichter sprechen. Auf diese Weise können Sie beide Ihre Unterschiede sehen und gegenseitige Wertschätzung finden. Der Umgang mit Trauer oder Schrecken läuft bei Mann und Frau nicht immer parallel, und es ist nicht leicht für ein Paar, trotzdem füreinander Verständnis zu haben. Aber gerade in solch schweren Zeiten ist es ungeheuer wichtig, sich gegenseitig Stütze zu sein und sich nicht zu verlieren.

Ich bin immer sehr glücklich, wenn beim Gespräch mit einem Paar eine Atmosphäre zustande kommt, in der beide auch ihre schattigsten Seiten offenbaren können, sich gegenseitig akzeptieren können und sich fast immer hinterher sogar tiefer verbunden fühlen.

Eigene Nöte darzustellen, statt sich über den anderen zu beschweren, interessiert zuzuhören und nachfragen zu können zum Zwecke eines besseren Verständnisses, statt die Partnerin zu unterbrechen und sich gegenseitig zu beschuldigen, sind dafür förderliche Umgangsformen.[1] Wenn der »Karren schon sehr festgefahren« ist und Sie aufeinander nicht mehr gut zu sprechen sind, wird das nicht gleich gelingen. Aber wenn eine dritte Person auf die »Spielregeln« achtet und für beide Parteien sorgt, können Sie wieder besser gemeinsam durch dick und dünn gehen.

Eine Bitte an Sie

Da ich so selten Männern in meiner Praxis begegne oder sie behandeln darf, bin ich neugierig auf Ihre Reaktion. Welche Antworten und Gefühle hatten Sie beim Lesen meiner Fragen und Anregungen? Ich würde mich freuen, eine E-Mail von Ihnen zu erhalten: info@frauengesundheit.de!

Auf diesem Wege könnte ich Verständnis für die Verarbeitungsmethoden von Männern erlangen und Ihre Erfahrungen weitergeben.

⤴ Und wie geht's für Sie weiter im Buch?

Wie ich schon vorgeschlagen habe, möchte ich Ihnen raten, das erste Kapitel zur allgemeinen Betrachtung von Traumen zu lesen, sowie das Kapitel »Was nun, was tun? Wege zur Trauma-Heilung«. Ebenso kann ein Blick auf die »Traumgeburt« am Ende des Buches Ihre Gedanken beeinflussen und Ihnen hilfreich sein bei der Integration des Erlebten in Ihre Lebensgeschichte.

12

Traumatische Geburtsverläufe für Hebammen und Geburtshelfer

Traumberuf?

Wer beruflich Frauen bei der Geburt unterstützt, hat zu Beginn der Ausbildung eine große Faszination für diesen natürlichen und »wunder-vollen« Vorgang des Lebens mitgebracht. Die ekstatische Kraft von gebärenden Frauen mitzuerleben, die sich steigernde Spannung und die erlösenden, ergreifenden Momente, wenn die Eltern ihr Neugeborenes in die Arme nehmen – all dies lockt starke Gefühle hervor und erscheint als Traumberuf.

Während der Lehrjahre kommt es zu einer Verlagerung des Schwerpunkts: Die Aufmerksamkeit für die Gefühlsebene nimmt ab, das Erlernen umfangreichen Wissens wird wichtiger. Die möglichen Gefahren für Mutter und Kind treten in den Vordergrund. Sie gilt es zu erkennen und mit Überwachungs- und Untersuchungsmethoden, Eingriffen und medikamentösen Hilfsmitteln zu verringern.

Mit dem Zertifikat in der Hand beginnen Sie Ihre verantwortungsvolle Tätigkeit vielleicht sogar mit dem Gefühl *»Wenn ich nur alles Gelernte richtig anwende und immer auf dem neuesten Stand des Wissens bleibe, dann kann ich Zwischenfälle verhindern!«*.

Umgang mit der Verantwortung

Dieser unterschwellige Druck, keinen Fehler machen zu dürfen, begleitet Sie seither bei Ihrer täglichen Arbeit. Da es um Menschenleben geht, ist das verständlich. Zusätzlich dürfen Sie möglichst keine Fehleinschätzungen vornehmen und nichts übersehen, was sich später zu einem »Kunstfehler« entwickeln könnte, denn heute wird ja bei einem Zwischenfall sofort die Schuldfrage geklärt. Deshalb könnte schon das Zugeben von kleinsten Fehlern gefährlich sein. So manche Hebamme oder manche Ärztin trägt aus Angst vor gerichtlichen Verfahren lieber schwer verdauliche Geheimnisse mit sich herum, als eine Schuld zu offenbaren.

Dabei ist es für unsere Entwicklung wichtig, Fehler zu bereuen, damit zu leben, daraus zu lernen und zu wachsen. Schuld braucht Reue und Erlösung, aber stattdessen landet ein Mensch damit im Abseits.

Wir Menschen machen uns schuldig, sind nicht fehlerfrei und wir brauchen trotzdem den Glauben daran, dass wir uns aufeinander verlassen können, dass jeder nach bestem Wissen und Können handelt.

Umgang mit eigenen Ängsten

Ich erinnere mich noch gut an den Übergang von der Hebammenschule zur ersten Stelle als Hebamme in einem kleinen Hamburger Krankenhaus. Nach den ersten selbstständig begleiteten Geburten im Dienst waren meine Nächte voller schrecklicher Träume: Wegen meiner Unachtsamkeit wurden Neugeborene in Einkaufstaschen gefunden, fielen aus ihren Betten, Frauen bluteten und starben. Tagsüber war ich damit beschäftigt, meine Arbeit gut zu leisten. Ich begleitete die Frauen aufmerksam durch ihre Wehen, sah ihre Kraft und ihre Fähigkeiten und verlor dabei allmählich die in der Ausbildung groß gewordene Angst vor Pathologie. Ich konnte mich nach und nach mehr auf meine Sinne verlassen und hatte das erlernte Wissen im Hinterkopf parat.

Die nächtlichen Auseinandersetzungen mit meinen Ängsten legten sich, wenn ich mich während einer Geburt nicht mehr so stark auf die vielen denkbaren Komplikationen konzentrierte. Das Vertrauen in den sich doch in der Mehrzahl selbst regulierenden Verlauf wuchs. Dabei entdeckte ich den Sicherheitsfaktor »Hüten«.[1]

Weil ich immer entspannter anwesend war, fiel es mir leichter, einem normalen Prozess seinen Lauf zu lassen oder auf eine sich entwickelnde Schwierigkeit rechtzeitig angemessen zu reagieren. Gleichzeitig konnte ich durch die nähere Bindung an die gebärenden Familien auch gefühlsmäßig wieder mehr in die große Atmosphäre des Lebensanfangs eintauchen.

Das hatte aber auch zur Folge, dass ich zuweilen nach problematischen Verläufen auf dem Heimweg mein Auto zur »Gummizelle« erklärte und dort all meine Anspannung, meine Wut, meine Verzweiflung entlud. Nach einer sehr herausfordernden nächtlichen Geburt reichte selbst das nicht, und ich krabbelte nach einigem Herumfahren ganz früh morgens noch bei einer Freundin schluchzend unter die Bettdecke, um bei ihr Trost zu finden.

Umgang mit Nähe und Distanz

Zwischen der Faszination am Geburtsakt, bei dem sich die Hebamme der gebärenden Frau sehr verbunden fühlt, und einem klaren Kopf, um verantwortungsvoll handeln zu können, muss jeder Entbindungspfleger und jede Geburtshelferin eine eigene Balance finden.

Einige haben für sich entschieden, dass sie mit mehr Abstand bessere Geburtshilfe leisten können. Andere brauchen die eigene emotionale Beteiligung als Grundlage für eine gute Begleitung von Frauen in den Wehen.

Aber egal, wie wir unsere Arbeit ausüben wollen, wir kommen nicht darum herum, dass wir hin und wieder von eigenen Emotionen überwältigt werden. Not-Kaiserschnitte, eine Schulterdystokie, schlechte Herztöne, massive Blutungen, der Tod ... hinterlassen Spuren.

Dabei geht es nicht allein darum, ob wir alles richtig gemacht und uns nichts vorzuwerfen haben. Das Entsetzen der Eltern, der Schock fährt uns auch in die Glieder – davor schützt »professionelle Distanz« nicht. Wir können zwar den Eltern gegenüber handlungsfähig bleiben, aber hinterher muss auch unser innerer Aufruhr seinen Ausdruck finden dürfen.

Und das betrifft nicht nur das Erleben geburtshilflicher Komplikationen. Ich war zuweilen sogar mehr aufgebracht, wenn ein menschlicher Kontakt nicht respektvoll gelungen war. Wenn »die Chemie« nicht stimmte, jede meiner Zuwendungen zurückgewiesen wurde, wenn ich mich ausgesaugt fühlte und einfach nichts mehr übrig hatte für eine Frau, wenn ich Lieblosigkeiten eines Paares ausgesetzt war, Missachtung in der Krankenhaus-Hierarchie oder wenn mich Schreie bis ins Mark erschütterten.

Hypotheken aus der eigenen Lebensgeschichte

Es gibt ja auch immer wieder Situationen aus der eigenen Lebensgeschichte – vielleicht sogar das eigene Geborensein[2] oder die schwierige Geburt eines eigenen Kindes[3] –, die im Verlauf einer Entbindung anklingen und zu mehr Anspannung, Rückzug oder Angst bei uns Hebammen und Ärzten führen.

In den Ausbildungen werden Sie wenig Handwerkszeug zum Umgang mit solchen Situationen erworben haben. Die

Wege der Verarbeitung Ihrer Gefühle – von Schuld, Angst oder Schrecken – mussten Sie bisher allein finden.

Ebenso wie die von uns begleiteten Menschen nach einem Trauma angehört werden wollen und wieder aus der Enge der Angst in vertrauensvolle Liebe zum Leben zurückfinden wollen, brauchen auch Sie Orte und Menschen, die heilsam auf Sie wirken.

Finden Sie für sich solche Bedingungen nicht, dann schnürt die Enge, die Ihre starken Gefühle festhält, allmählich Ihr Mitgefühl ein und begrenzt Ihre Toleranz vor allem solchen Menschen gegenüber, die ihren Empfindungen freien Lauf lassen.

Aus der Not heraus, die eine solche Enge verursacht, werden Sie latent aggressiv, lassen Gebärende zu lang allein, gehen unfreundlich oder zynisch mit ihnen um oder lassen Ihren Missmut an ihnen aus. Das kann in Zeiten von Überforderung jedem mal passieren, ist aber wahrlich kein erstrebenswerter Zustand!

Auf diese Weise ausgelebte Aggressionen, solche Verachtung und das Im-Stich-Lassen anderer sind im Grunde eigentlich Hilferufe nach eigener Zuwendung. Die Menschen, die sich Ihnen unter der Geburt anvertrauen, haben mit sich selbst genug zu tun und sind dafür nicht die richtige Adresse. Sie brauchen Ihre ganze Aufmerksamkeit und kompetente Zuwendung.

13

Trauma im Beruf – Was tun, um sich selbst zu helfen?

Das Feuer des Idealismus hüten

Bridget Lynch, eine Hebamme aus Kanada, sprach auf dem ICM Congress in Wien 2002 in ihrem Vortrag »Care for the caregiver« davon, dass nur eine Hebamme »ausbrennen« kann, die vorher »on fire« war: »*Diese Flamme des Idealismus und das Feuer Ihres Engagements für Ihren Beruf müssen Sie wie ein Heiligtum hüten!*« Damit es sich nicht gegen Sie wendet, müssen Sie sich Raum schaffen und es achtsam im Blick behalten.

Selbsthilfe

Sie können sich im Kapitel »Was nun, was tun? Wege zur Trauma-Heilung« umsehen und mit einigen der dort vorgestellten Methoden wieder liebevolleren Kontakt zu sich selbst finden. Besonders nach einem schwer zu verarbeitenden Ereignis brauchen Sie Zeit und Raum, damit Sie sich wieder spüren und weiten können. Geben Sie das, was Sie gern an Ihre Klientinnen weitergeben würden, zunächst einmal sich selbst, damit sich Ihre zurückgehaltenen Gefühle wieder lösen können. Wenn Sie sich und Ihren Bedürfnissen Respekt erweisen, wird sich das auch im Kontakt zu Ihren Mitmenschen widerspiegeln.

Nährende Begegnungen

Wem können Sie von Ihren Erlebnissen bei der Arbeit erzählen: einer Kollegin, die Sie wertschätzt, die Ihren Schrecken versteht und Sie bei Auseinandersetzungen unterstützt? Ihrem Partner, der Geborgenheit spendet und Ihre empfindlichen Seiten kennt? Ihrer Mutter oder einer mütterlichen Freundin, die jederzeit für Sie da ist, die Sie verwöhnt und die Sie bedingungslos akzeptiert? Ihrem Bruder, mit dem es schon immer so herrlich war, herumzuwüten und zu toben? Einer Freundin, die anerkennt, was Sie leisten, und Ihnen Zeit gibt, sich auszudrücken? Suchen Sie Begegnungen, die Sie nähren.

Supervision

Supervision im Team mit Kolleginnen oder auch als Einzelstunde müsste eigentlich selbstverständlicher Bestandteil des Arbeitsalltages sein. Sie ist vor allem nach einem Trauma bei der Arbeit eine wertvolle Möglichkeit, sich Luft zu machen, einen Fall von allen Seiten zu betrachten, die eigenen blinden Flecken zu bemerken und Unterstützung zu bekommen, mit dem Erlebten fertig zu werden! Anschließend ist es leichter möglich, den Personen, mit denen das Erschreckende passiert ist, wieder zu begegnen oder mit neuem Mut und Zutrauen weiterzuarbeiten.

> Die Seele ist wie ein Wind, der über die Kräuter weht,
> wie der Tau, der auf die Wiesen träufelt, wie die Regenluft,
> die wachsen macht. Desgleichen ströme der Mensch ein Wohlwollen aus auf alle,
> die da Sehnsucht tragen. Ein Wind sei er, der den Elenden hilft,
> ein Tau, der die Verlassenen tröstet. Er sei wie die Regenluft,
> die die Ermatteten aufrichtet und sie mit Liebe erfüllt.
>
> *Hildegard von Bingen*

Wissen um Grenzen erweitern

Grenzen

Das menschliche Miteinander bedient sich unterschiedlichster Grenzen:

- sozialer Normen, um sich von den einen abzusetzen und mit anderen näher zusammenzugehören,
- Häuser und Zimmer mit Türen, um Zeiten größeren Abstands und Zeiten des Verbindens zu genießen,
- eines »dicken Fells«, um sich mehr abzuschirmen ...

»Die Liebe ist grenzenlos!«
So sagt man. Was passiert dabei? Da »verschmelzen« zwei miteinander, »schließen sich einander ins Herz«. Die Körpergrenzen bleiben erhalten. Um unsere Körper hinaus dehnt sich aber noch eine Wärmehülle aus, auch »Aura« oder »Feld« genannt. Diese ist, wie man bei der Kirlian-Fotografie sehen kann, klar um jeden Menschen herum begrenzt. Beim Liebesspiel verbinden sich zwei besonders energiereiche Felder und werden vorübergehend um die zwei Personen herum

zu einer Aura! Liebende strahlen etwas Besonderes aus. Eine unerschütterliche Heiterkeit geht von ihnen aus, als wäre die Energie um sie herum ein gutes, starkes Polster.

Ein Grenzen sprengendes Erlebnis
Was passiert bei einem »Grenzen sprengenden Erlebnis«? Eine Herausforderung, die mit einer großen Portion Angst oder Anspannung verbunden war, ist gemeistert. Zu diesem Zustand gehören leuchtende Augen, Siegerpose, sprudelnde Gefühle, Stolz – das ganze Gegenteil von Enge. Das Feld ist mit Sicherheit größer als sonst, seine alten Grenzen sind geweitet, »gesprengt«!

Wie sieht aber das Feld nach einem Trauma aus? Das Erlebnis ist über alle Grenzen hinweggerollt, jedoch in die andere Richtung: Nicht in die Weite, sondern von außen kommend nach innen eindringend. Die Wärmehülle hat keinen Schutz geboten, die Körpergrenze ist verletzt, das Gemüt »kann es nicht fassen«, sogar bis ins Innerste der Knochen ist es vorgedrungen, »bis ins Mark erschüttert«! Es geht über das hinaus, was ein Mensch glaubt, ertragen zu können. Alle vorher erprobten Schutzhüllen haben versagt.

Ausdehnung in der Schwangerschaft und bei der Geburt
Bei der Arbeit mit Schwangeren, Entbindenden und Neugeborenen ist es wichtig, um dieses Feld zu wissen und das Gespür dafür zu verfeinern. Mit der Schwangerschaft beginnt eine Frau, ihre Grenzen zu erweitern. Sie entwickelt mehr Wärme, während sich ihr Körper ausdehnt, sie lässt ihren Gefühlen freien Lauf, ist »ganz eins« in der Liebe zu ihrem heranwachsenden Kind – sosehr es ihr möglich ist. Sie kann sich dabei stark und rund fühlen, aber auch sensibler und schutzbedürftiger. Ihre »Panzerung«, wie Wilhelm Reich[1] unsere Schutzmechanismen nennt, weicht auf.

Unter der Geburt erreicht sie dann eine Weite – nicht nur am Muttermund –, die sie weit über alle ihre Grenzen hinausträgt. Am Ende hält sie ihr Kind im Arm und ist, wenn alles gut geht, mit ihrem Mann und dem gemeinsamen Kind von einer großen, energievollen, leuchtenden Aura umgeben. Das Neugeborene entfaltet sich in dieser schützenden Hülle. Alles Unbehagen, alle Enge, die es vielleicht bei seiner Reise ans Licht erlebt hat, löst sich auf, wenn es wieder in die Weite, die Innigkeit mit seiner Mutter eintauchen kann.

Schutzlos – ohne Grenzen

Was geschieht nun aber bei einem traumatischen Geburtsverlauf? Die Ausdehnung in die Weite gelingt nicht. Gegenläufige Kräfte sind stärker: Sei es ein Schicksalsschlag, Erinnerungen an eine Gewalterfahrung, aufkeimende Panik durch unsagbare Schmerzen und Hilflosigkeit, Verachtung und beschämende Bemerkungen. Der Geburtsprozess will in die Weite, die Energie dagegen zieht sich bis ins Innerste zusammen.

Alle vertrauten Abwehrmechanismen sind außer Kraft gesetzt, die Gebärende ist voller Furcht und fühlt sich schutzlos ausgeliefert. Am Ende war die Geburt wie ein sexueller Übergriff, denn die weiblichen Organe waren beteiligt.

Verletzungen auf beiden Seiten wahrnehmen

Erste Hilfe leisten

Nach einem Geburtsverlauf, der wie in einem Kampf endete, bei dem Sie als Hebamme oder Arzt vielleicht noch gewaltsam die Beine der Frau auseinander halten mussten und sie zur

Mitarbeit anherrschen mussten, um das Kind heil herauszubekommen, sind alle Beteiligten verschreckt!

Sobald der Schrecken überstanden ist, müssen alle wieder aus ihren Schneckenhäusern krabbeln können. Sorgen Sie für sich, gehen Sie kurz aus dem Raum. Lassen Sie sich draußen in den Arm nehmen oder schimpfen Sie sich aus. Dann kehren Sie zur neugeborenen Familie zurück und sorgen für deren Entfaltung.

Sprechen Sie den Schrecken an, sagen Sie der Frau, dass es Ihnen Leid tut, wenn Sie heftig mit ihr geworden sind, dass Sie sie bewundern, wie Sie die überwältigenden Gefühle gemeistert hat, und dass es bestimmt für sie sehr beängstigend war! Entschuldigen Sie sich, falls Sie nicht genug Zeit für sie hatten, falls Sie aus eigener Überlastung kurz angebunden waren oder unachtsam. Damit nehmen Sie der Frau das erniedrigende Gefühl, zur Last gefallen zu sein oder versagt zu haben bei einem für sie so einzigartigen und herausragenden Lebensereignis.

Wenn Sie es nicht über das Herz bringen, sich zu entschuldigen, so loben Sie sie wenigstens und geben der Frau Anerkennung für ihre überstandene Heldenreise. Sie hat mit Sicherheit ihr Äußerstes gegeben.

Fragen Sie sie, wie es ihr geht, was sie braucht, was sie noch nachträglich erklärt haben möchte, oder bieten Sie ihr an, in den nächsten Tagen noch einmal das ganze Geschehen zusammen durchzusprechen. Sie muss sich nach und nach wieder sicher, willkommen und angenommen fühlen, auch um dasselbe ihrem Kind geben zu können.

Umgang mit Kritik

Wenn sich eines Tages eine Familie direkt bei Ihnen über Ihre Begleitung beschwert – herzlichen Glückwunsch zu dieser großen Chance zu lernen! Auch wenn der Vorwurf Sie trifft, nehmen Sie sich vor, sich nicht zu verteidigen, sondern erst einmal nur zuzuhören. »*Oh, das tut mir Leid. Das muss ich jetzt erst mal verdauen. Ich werde Sie in Ruhe noch einmal ansprechen.*« Eine solche Antwort gibt Ihnen Zeit nachzudenken, mit anderen darüber zu sprechen, Supervision zu nehmen, sich zu schützen und der Frau zu helfen, ihre Geburtsgeschichte zu verarbeiten.

Manchmal kann ein Satz, den Sie gesagt haben und vielleicht gar nicht in seiner Schwere bedacht haben, eine Frau unerwartet hart treffen. Er ist auf eine empfindliche Stelle getroffen und hat eine Verletzung ausgelöst. Es reicht, wenn die Frau Ihr Mitgefühl erlebt. Dann kann ihre Wunde leichter heilen, als wenn Sie sich verteidigen und den Vorwurf von sich weisen, nach dem Motto »*Es gehören immer zwei dazu!*«. Wir alle verletzen hin und wieder unbeabsichtigt einen Menschen. Frauen unter der Geburt sind besonders schutzlos.

Das Wort gleicht der Biene:
Es hat Honig und Stachel.

Talmud

Auswirkungen vorangegangener Traumata erkennen

Die nonverbale Anamnese

Sie werden meistens relativ wenig von der Lebensgeschichte einer von Ihnen betreuten Frau wissen. Außer dem kleinen Ausschnitt der Krankengeschichte, den Sie erfragen, den kurzen Gesprächen, die Ihre Arbeit z.B. beim CTG-Schreiben zulässt, und den von der Frau geäußerten Wünschen oder Ängsten müssen Sie vieles »zwischen den Zeilen« erahnen.

Gerade im Schichtbetrieb eines Krankenhauses, bei dem ein Kontaktaufbau zwischen Ihnen und der Gebärenden wegen der wenigen Zeit, die bleibt, kaum möglich ist, ist ein achtsames Erfragen von Gewalterfahrungen kaum denkbar. Hinzu kommt der bei den Betroffenen mit diesem Thema verbundene Geheimhaltungsdruck, der sogar bis zur völligen Verdrängung reichen kann. So sind Sie als betreuende Hebamme oder Ärztin weitgehend auf nonverbale Signale angewiesen, um Ihren Umgang entsprechend zu gestalten.

Verhaltensweisen in Belastungssituationen

Jede Frau, jedes Paar kommt zu Ihnen in einer sehr entscheidenden Phase ihres Lebens. Alles bereits Erfahrene ihrer Vergangenheit hat Einfluss darauf, wie der jetzt anstehende große Wandel von Frau und Mann beim Elternwerden durchlebt wird. Alle bewährten (wenn auch nicht immer für andere nachvollziehbaren) Verhaltensweisen in Belastungssituationen werden herangezogen.

Hinweis

Immer liegt das Bedürfnis zu Grunde, beschützt zu werden und möglichst sicheren Halt im Sturm des Neuen zu finden.

Gerade Frauen, die gegenwärtig in schwierigen Lebensumständen leben und/oder vielleicht früher schon traumatischen Situationen ausgesetzt waren, sind nicht gerade Meisterinnen vertrauensvoller Hingabe. Wenn sie Übergriffe erdulden mussten und es ihnen nicht möglich war, sich zu wehren, sind sie sicher nicht darin geübt, ihrem Körper lustvolle Aufmerksamkeit zu schenken oder andere Menschen nah an sich heranzulassen. Sie sind nicht immer die gewinnendsten Klientinnen, mit denen für Sie sofort eine entspannte Zusammenarbeit möglich ist. Bedrohliche Erfahrungen gemacht zu haben beeinträchtigt im Menschen die Fähigkeit, für sich selbst zu sorgen, Unterstützung anzunehmen oder Raum für sich in Anspruch zu nehmen. Der Umgang mit Schmerz und die Fähigkeit, Gefahren zu erkennen und einschätzen zu können, sind negativ beeinflusst. Ihr Verhalten kann von stark ausgedrückter Panik bis zur völligen inneren Erstarrung gehen, sodass niemand erkennt, in welch großer Not die Person sich befindet.

Frauen, die schon als Mädchen wiederholt traumatisiert wurden, müssen im Laufe ihres Lebens viel Arbeit aufwenden, um sich ein Selbstbewusstsein aufzubauen. Das alte Gefühl eigener Wertlosigkeit ist so prägend, dass es ihnen immer wieder bewiesen zu werden scheint. Immer wieder begegnen sie Menschen, die sie zum Opfer machen und bei ihnen Schuldgefühle auslösen.

So erleben Sie vielleicht unter der Geburt eine Frau, der Sie nichts recht machen können, die spröde oder verschlossen wirkt, die auf einen Satz oder eine Berührung von Ihnen für Sie unerklärlich heftig reagiert.

Oder eine andere, die ganz herzlich und offen mit Ihnen ist, der Sie gern besonders viel Aufmerksamkeit entgegenbringen und die ihr Glück über Ihre Betreuung zum Ausdruck bringt. Und dann ganz plötzlich bricht sie den Kontakt zu Ihnen völlig ab. Vielleicht wissen Sie nicht einmal, was vorgefallen ist, oder ahnen nur, dass wohl irgendetwas bei der herrlichen Massage, die Sie ihr gegeben haben, passiert sein muss.

Mit ihrem Verhalten haben diese Frauen es geschafft, in der Vergangenheit zu überleben. Sie haben noch keinen besseren Weg für sich gefunden.

Ihre eigene Reaktion als Spiegel

Sie als Betreuende geraten dabei vielleicht in einen ähnlichen emotionalen Aufruhr zwischen Wut- und Schuldgefühlen, erleben sich persönlich in Frage gestellt oder angegriffen. Sie haben sicher während Ihrer Ausbildung wenig geeignete Methoden gelernt, um trotzdem Ihr Mitgefühl aufrechtzuerhalten.

Üben Sie im Privatleben mit vertrauten Menschen beim Auftreten von Frust, Wut, Ärger, Vorwürfen und anderen Störungen, den dahinter liegenden Wunsch nach Liebe zu erkennen!

Fortbildung

Wenn Sie bedenken, dass ca. jedes vierte bis fünfte Mädchen mit sexuellem Missbrauch in Berührung kommt[2] und 8,1 % der Frauen schon in der Schwangerschaft mit einer posttraumatischen Belastungsstörung leben[3], müssen Sie ein hohes Maß an Bereitschaft aufbringen, die Auswirkungen von Traumata zu erkennen und diese Frauen (und auch alle anderen!) einfühlsam zu begleiten.

Vielleicht ist Ihr Bedürfnis größer geworden, sich mit dem Trauma-Thema gründlich auseinander zu setzen und sich weiter fortzubilden. In der Hebammenzeitung »forum« und im GfG-Fortbildungskalender kündige ich meine Angebote für Wochenendseminare an, im Internet finden Sie aktuelle Termine unter www.viva-wandelzeiten.de.

Ausgleich suchen, um Ihre Arbeit leisten zu können

Achten Sie Ihre eigenen Grenzen

Schulen Sie Ihre Wahrnehmung für Ihr Umfeld und das der anderen Menschen. Handeln Sie, wenn Ihnen jemand zu sehr »auf die Pelle rückt«, halten Sie Abstand, wenn jemand zu sehr »die Stacheln ausgefahren« hat, genießen Sie es, in »Bewunderung zu baden«.

Erweitern Sie Ihre Grenzen und erfüllen Sie sich Ihre Träume

Sorgen Sie dafür, dass Sie Ihr Leben durch eine Brille betrachten, die mindestens zur Hälfte Ihre Fähigkeiten, Stärken und Ihr Glück im Leben sichtbar werden lässt, und nicht nur Ihre Schwächen und Probleme.

Dabei helfen alle Tätigkeiten, die Ihnen Freude bereiten, die Sie in die Weite bringen: Mitglied in einem Chor sein, noch einmal zur Tanzstunde gehen, einer regelmäßigen Gruppe mit Yoga oder Sport beitreten, Kurse nach Ihrem Geschmack bei der Volkshochschule belegen, in einer Theatertruppe mitspielen.

Knüpfen Sie an Ihre Kindheitsträume an, an Ihre Lieblingsbeschäftigung als kleines Mädchen oder kleiner Junge. Schüren Sie die Glut einer vernachlässigten Begeisterung.

✒ Und wie geht's weiter für Sie im Buch?

Erhalten Sie sich Ihr Feuer für Ihren Beruf und werden Sie wieder bereit, sich für die »Traumgeburt« einzusetzen. Lesen Sie dazu noch das nächste Kapitel, in dem ich mich mit individuellen und gesellschaftlichen Träumen auseinander setze, aber auch mit den Forschungsergebnissen, die Sie bei Ihrer Arbeit verwirklichen können.

14

Die Traumgeburt

Ein Korb voller Erwartungen

Die folgende Übung benutze ich oft am Anfang einer Fortbildung zum Thema »Traum und Trauma«, um sich einzustimmen. Über die »kleinen Schwestern« von Traum und Trauma – »Erwartung und Enttäuschung« –, die weniger emotionale Sprengkraft haben, fällt es leicht, in das Thema einzusteigen.

Übung

Stellen Sie sich einmal vor, Ihnen würde ein kleiner Korb gereicht, dessen Inhalt mit einem Tuch verdeckt ist. Nun bekommen Sie die Aufgabe, sich einen Gegenstand von vielen unter dem Tuch herauszunehmen. Mit geschlossenen Augen!

a) Mit welchem Gefühl/welchen Gedanken greifen Sie in den Korb? Was erwarten Sie?
b) Was fühlen/denken Sie, wenn Sie sehen, was Sie herausgenommen haben?
c) Verändern sich Ihre Gefühle/Gedanken (und wie?), wenn Sie den Gegenstand eine Weile in den Händen halten?
d) Möchten Sie wissen, was Sie sonst noch aus dem Korb hätten herausgreifen können?

e) Nimmt es Einfluss auf Ihre Gefühle/Gedanken, wenn Sie den restlichen Inhalt des Korbes anschauen können?
f) Sind Ihnen alle diese Gefühle/Gedanken aus Ihrem Leben vertraut oder sind Sie erstaunt über sich?

Schon in so unbedeutsamen Situationen können Sie erleben, wie Sie mit Erwartungen und eventuellen Enttäuschungen umgehen. Es tauchen Glaubenssätze auf: »*Es wird sicher was Unangenehmes sein!*« – »*Ich bin sicher, etwas Wunderschönes zu bekommen!*« – »*Och, immer ich!*« – »*Na ja, so schlecht ist es ja gar nicht!*« – »*Typisch, ich hab mir wieder den dicksten Brocken ausgesucht!*«
Ihre Art, sich etwas herauszunehmen, würde sich sicher von der Art anderer unterscheiden, Ihre Erfahrungen mit dieser kleinen Übung sind von Ihrer ganz persönlichen Haltung, von Ihrem bisherigen Leben geprägt.
So geht es Ihnen auch, wenn Ihnen das Schicksal mit der Schwangerschaft etwas Unvorhersehbares aus seinem Korb reicht, Sie »guter Hoffnung« sind. Sie wissen nur eins mit Sicherheit, dass Sie das Ihnen Zugedachte eines Tages betrachten können und dass es Ihr ganzes Leben verändern wird! Wenn es um die Geburt Ihres Kindes geht, haben Ihre Erwartungen und Träume große Bedeutung. Sie werden natürlich versuchen, alles in Ihrer Macht Stehende nach Ihren Wünschen zu gestalten.

> Hoffnung ist nicht Optimismus. Nicht die Überzeugung,
> dass etwas gut ausgeht, sondern die Gewissheit,
> dass etwas einen Sinn hat, ohne Rücksicht darauf,
> wie es ausgeht.
>
> *Vaclav Havel*

»Gebären in Sicherheit und Geborgenheit«[1]

Alle Frauen, alle werdenden Väter wollen für die Geburt Ihrer Kinder Bedingungen vorfinden, unter denen sie sich sicher und gut aufgehoben fühlen. Ganz verschieden gestaltet sich aber das Bild, das sich jeder einzelne Mensch davon macht.

Individuelle Traumvorstellungen

Der Traum von »Sicherheit und Geborgenheit« kann darin bestehen, so natürlich wie möglich zu entbinden. Er kann aber ebenso für Sie bedeuten, so schnell wie möglich Schmerzerleichterung zu bekommen oder lieber sogar von vornherein gleich einen Kaiserschnitt zu bekommen. Hinter Ihren Wünschen steht vielleicht die Angst vor Kontrollverlust, vor Schmerzen, vor einem behinderten Kind oder vor dem eigenen Tod. Vielleicht verbirgt sich dahinter auch tiefes Misstrauen oder auch Allmachtsglaube den Fähigkeiten medizinischer Fachleute gegenüber. Manch eine Frau versucht durch die Geburt ein anderes traumatisches Erlebnis zu heilen, eine andere Sucht nach Erfüllung als Frau, wieder eine andere möchte ihre Verbindung zum Partner vertiefen, eine erhofft spirituelle Bewusstseinserweiterung oder ein orgiastisches Erlebnis.

So unterschiedlich sie auch sein mögen, alle Wünsche und Ängste ergeben auf dem Hintergrund der persönlichen Lebensgeschichte einen Sinn. Es ist hilfreich, sich während der Schwangerschaft damit zu beschäftigen, um gut für die eigene Form von Sicherheit und Geborgenheit sorgen zu können.

Ideale der heutigen Zeit

Mittels Informationen aus Büchern und bei Veranstaltungen der Krankenhäuser, über Broschüren der Krankenkassen, Filme und detaillierte Erzählungen junger Mütter und Väter gesellt sich zu Ihrer Traumvorstellung noch das Bild, das die Gesellschaft, in der Sie leben, von einer Traumgeburt hat.

Ist es gerade »in«, die eigene Gebärfähigkeit groß zu schreiben, oder ist der Wunschkaiserschnitt – »*Safe your love-chanel!*«[2] – der letzte Schrei? Wird die Schmerzerleichterung durch die PDA als Wundermittel dargestellt: »*Diese viehischen Schmerzen musst du dir echt nicht antun!*«? Ist Gebären ausschließlich Frauensache oder sind die Männer zur Unterstützung selbstverständlich dabei? Geht man heute ohne Frage in dieses Krankenhaus, weil sie dort ein »Roma-Rad«[3] haben oder die Wassergeburt ermöglichen, oder in jenes, weil sie eine Neugeborenen-Intensiv-Station direkt nebenan haben, oder in ein drittes, weil Wochenstation und Kreißsäle so wunderschön renoviert wurden? Oder geht der Trend wieder zu Hausgeburt oder Geburtshaus, weil man dort die größten Gestaltungsmöglichkeiten bezüglich aufrechter Gebärhaltungen hat, bewusst und aktiv Mutter und Vater werden kann und sich seine Hebamme aussuchen darf?

Reflektieren Sie gesellschaftliche Normen und überprüfen Sie, wie sie zu Ihrer persönlichen Lebensgeschichte, Ihren Träumen passen!

Medizinische Forschungserkenntnisse

Natürlich gibt es auch Forschungsergebnisse zu den Aspekten der Sicherheit und der Geborgenheit, aus denen man eine Traumgeburt ableiten könnte. Einige Beispiele möchte ich hier anführen:

Der von Dick Read schon in den dreißiger Jahren beschriebene Kreislauf von Angst – Spannung – Schmerz – noch mehr Angst – noch mehr Spannung – noch mehr Schmerz – usw. hat eine Geschichte sich immer weiter entwickelnder Methoden der Geburtsvorbereitung eingeleitet. Es erscheint Ihnen heute sicher selbstverständlich, dass Sie sich mit ausreichend Information und Erfahrungen mit Atem und Entspannung sicherer auf Ihr großes Abenteuer einlassen können und sich im eigenen Körper mehr geborgen fühlen als ohne diese Art der Vorbereitung.

Langjährige, umfangreiche Forschungsarbeiten der neueren Zeit stammen aus England von dem französischen Arzt Michel Odent. Die wichtigsten Erkenntnisse betreffen das Hormon Oxytocin. Die bei genügend Intimität (privacy) ungehinderte Ausschüttung des von ihm als »Liebeshormon« bezeichneten körpereigenen Stoffes fördert einen physiologischen, »normalen« Geburtsverlauf. Die Bedingungen dafür sind ausführlich beschrieben in seinem Buch »Geburt und Stillen« und müssten eigentlich zu einer Revolution in der Ausstattung der meisten Kreißsäle führen und vor allem aber vielerorts zu einer gründlichen Veränderung im Stil der Geburtsleitung.

Die Wirkung des »Hütens«, die Geburtsbegleitung durch eine erfahrene Frau, die allein schon durch ihre beständige Anwesenheit Geborgenheit und Sicherheit gibt, ist von Klaus/Kennell/Klaus eindrücklich in ihrem Buch »Doula« veröffentlicht worden. Jede Hebamme müsste dieses »Hüten« leisten können, ermöglicht durch entsprechende Gesundheitspolitik und bessere Stellenschlüssel in den Krankenhäusern, denn es gehört zur Ethik des Hebammenberufes, den physiologischen Ablauf zu fördern und den Einsatz von Medikamenten und das Maß an Eingriffen so niedrig wie möglich zu halten.

Weitere Forschungsergebnisse gibt es über den positiven Effekt
- der aufrechten und der freien *Wahl der Gebärpositionen*,
- der *Eins-zu-eins-Begleitung* durch ein schon aus der Schwangerschaft vertrautes, geburtshilfliches Team (die einzige effektive Möglichkeit, die Rate von Sterblichkeit und Erkrankung zu senken!$^{4)}$),
- der korrekten Unterscheidung, *wann kompetente Geburtshilfe und wann kompetente Geburtsmedizin* zum Einsatz kommen (denn mehr Interventionen und Technik erreichen keine besseren Geburtsergebnisse!)
- von *Intervall- statt Dauerüberwachung* mit dem Herzton-und-Wehenschreiber (CTG),
- eines *guten Dammschutzes* oder eines Dammrisses im Gegensatz zum prophylaktischen Schnitt (Episiotomie),
- günstiger Bedingungen in Schwangerschaft und Geburt auf das *Erleben des Kindes in der Perinatalzeit* und dadurch auf seine spätere körperliche, soziale und geistige Entwicklung,
- der ausreichenden Zeit und Atmosphäre für den *Prozess des »Bonding«*, das Knüpfen eines Liebesbandes mit dem Neugeborenen direkt nach der Geburt.

Es ist auch allen Beteiligten bekannt, dass das Senken von geburtshilflichen Komplikationen kurz- und langfristig nicht nur im Gesundheitssystem Kosten spart. Denn Schwangerschaft, Geburt und Wochenbett, den Start als Familie mit Glück, Stolz und Liebe, voller wacher Sinne zu erleben ist eine wichtige Grundlage für gesundes Wachstum und eine menschenwürdige Entwicklung unserer Kinder – unserer Zukunft.

Realitäten

Alle geburtshilflichen Interventionen steigen jedoch trotz dieser Forschungsergebnisse weiter an. Laut WHO könnten 70 bis 80 % aller Geburten normal verlaufen. Tatsächlich wird aber viel zu oft in den Geburtsverlauf eingegriffen. 90 % der vorgenommenen Maßnahmen finden ohne wissenschaftlich abgesicherte Basis statt. In den USA haben nur noch unter 10 % der Gebärenden eine Hebamme – die Expertin für eine normale Geburt! – an ihrer Seite.

Seit 1996 versucht eine Initiative in den Vereinigten Staaten, die Mother-Friendly Childbirth Initiative (MFCI), auf der ganzen Welt die wissenschaftlichen Forschungserkenntnisse in die Praxis der geburtshilflichen Krankenhäuser zu übertragen.[5] International, von WHO und UNICEF gefördert, können Kliniken an einem Programm teilnehmen, das unter anderem den Unterricht für ihre Mitarbeiter vorsieht. Zehn Forderungen müssen erfüllt werden. Jedes Jahr treffen sich die Mitglieder, um festzustellen, ob die Forderungen umsetzbar sind und mit welchem Erfolg die teilnehmenden Kliniken die Bedingungen eines »Mother-Friendly Hospital« erfüllen:

1. Freie Wahl für die Gebärenden von Geburtshelfer, Doula, Hebamme und uneingeschränkte Möglichkeit, diese während des Geburtsverlaufes bei sich zu haben.
2. Offenlegen der Statistik über Eingriffe, z.B. über Häufigkeit von Kaiserschnitten.
3. Respekt vor kulturellen Unterschieden bei der Gebärpraktik.
4. Freie Wahl der Geburtsposition.
5. Interdisziplinäre Zusammenarbeit aller rund um die Geburt beteiligten Berufsgruppen. Information der Mütter über das Unterstützungsnetz in ihrer Umgebung.

6. Keine geburtshilflichen Eingriffe, die nicht wissenschaftlich als gut erwiesen sind: z.B. nicht mehr als 20 % Dammschnitte (Ziel 5 %), 10 % und weniger Geburtseinleitungen, nicht mehr als 10 bis 15 % Kaiserschnitte, Spontangeburten nach Kaiserschnitt.
7. Kenntnis und Anwendung von Methoden der Schmerzerleichterung ohne Medikamente während der Geburt.
8. Unterstützung von Familien mit kranken und behinderten Kindern.
9. Keine Beschneidung von Jungen, außer aus religiösen Gründen.
10. Erfüllung der Bedingungen eines »Stillfreundlichen Krankenhauses« (WHO/UNICEF).

Träume verwirklichen

Diese Ideale in der ganzen Welt zu verwirklichen ist noch ein weiter Weg.[6] Selbst im reichen Europa ist noch viel zu tun. Die Wahlmöglichkeiten von verschiedenen Krankenhäusern mit Schichtdienst oder Belegsystem, mit von Hebammen geleitetem Kreißsaal oder Perinatalzentrum, die Möglichkeiten, zu Hause oder in einem Geburtshaus zu entbinden ... beleben die Konkurrenz und die Weiterentwicklung. Fast überall finden hier im Westen werdende Eltern einen vergleichsweise hohen Standard an Wissen und Ausstattung mit Überwachungsmethoden und Notfallmedizin vor. Aber viel zu selten wird sichergestellt, dass eine Hebamme ihre fachkundige und zugewandte Begleitung ausschließlich einer Entbindenden zukommen lassen kann.

Umgang mit Unwägbarkeiten

Auch wenn wir alles menschlich und medizinisch ideal gestalten könnten, gäbe es immer noch einen gewissen Prozentsatz an schwierigen Geburtsverläufen, notwendigen Eingriffen und unvermeidbaren Schicksalsschlägen. Gehört die Auseinandersetzung damit in unsere Vorbereitung auf die »Traumgeburt« oder sollten wir dieses Wissen als »Angstmache« aus unserem Bewusstsein verbannen?

Hingabe entwickeln

Wenn Sie Geburtsvorbereitung als Schule sehen, in der Sie lernen, die Kontrolle zu behalten, wenn Sie einen Geburtsort wählen, an dem Ihnen und Ihrem Kind »nichts passieren kann«, wenn Sie durch Information und Körperübungen eine Geburtsarbeit mit einem »Sehr gut« leisten wollen, dann müssen Sie mit Sicherheit während der Wehen etwas Neues lernen. Wenn Sie aber die Atem- und Entspannungsübungen als Chance nutzen, Hingabe als Qualität von Körper, Geist und Seele zu erleben, werden Sie gut vorbereitet sein. Es ist außerdem sinnvoller, dies nicht nur einmal in der Woche im Geburtsvorbereitungskurs zu üben, sondern täglich viele Gelegenheiten zum Anlass zu nehmen, mehr Hingabe und Vertrauen in sich zu entwickeln (nicht nur während einer Schwangerschaft!).

Als Paar können Sie sich gegenseitig dabei unterstützen. Es gibt so oft Situationen im Leben, die nicht nach Plan ablaufen. Natürlich können wir uns ärgern, den Schuldigen mit Vorwürfen bedenken, eine Diskussion führen, weil es immer wieder zu den gleichen Fehlern kommt. Wir können auch den Ärger herunterschlucken und einen riesigen Berg von Groll ansammeln, bis wir ganz verbittert sind. Oder wir lamentieren über unser Schicksal, bis es keiner mehr hören mag. Beim nächsten Anlass probieren Sie einmal etwas anderes aus:

»Alles im Griff«
Atmen Sie tief durch. Beim Einatmen ballen Sie die Fäuste, beißen die Zähne zusammen und behalten alles »im Griff« – beim Ausatmen öffnen Sie die Hände und »lassen los«, bringen Sie dabei auch Stärke und Art Ihrer Gefühle mit Geräuschen, Grimassen und Bewegungen zum Ausdruck – wieder einatmen: Fäuste ballen, alles festhalten – dann wieder ausatmen: Hände öffnen, Gefühle loslassen wie ein trauriges oder wütendes oder ängstliches Kind ... Übertreiben Sie!

Und allmählich drücken Sie bei jedem Ausatmen Hingabe aus – einatmend alles im Griff – und ausatmend Hände öffnen mit Hingabe an das, was nun mal so geschehen ist. Einige Male ein und aus. Anschließend atmen Sie tief durch die Nase ein und pusten lang und vollständig die Luft wieder durch den Mund aus.

Mir hilft bei unvorhergesehenen Irritationen der Gedanke an eine Geschichte, die ich gehört habe:

Glück oder Unglück?
Ein alter Mann lebte mit seinem Sohn auf einem kleinen Hof in den Bergen. Eines Tages war sein einziges Pferd verschwunden. Schon bald kamen die Nachbarn, um ihm zu diesem Unglück ihr Beileid auszudrücken. Der Alte aber meinte: »Woher wisst ihr, dass dies ein Unglück ist?« Und tatsächlich – wenige Tage später kam sein Pferd zurück und brachte eine ganze Herde von Wildpferden mit! Wieder kamen die Nachbarn und wollten ihm nun ihre Glückwünsche überbringen. Der Alte entgegnete aber: »Woher wisst ihr, dass dies ein Glücksfall ist?« Seit nun so viele Pferde auf seiner Weide grasten, lernte der Sohn zu reiten. Eines Tages fiel er vom Pferd und brach sich das Bein. Nun glaubten die Nach-

barn aber tatsächlich, den Alten bemitleiden zu können. Aber abermals sprach der Alte: »Woher wisst ihr, dass dies ein Unglück ist?« Nicht lange später tauchten Abgesandte des Kaisers in den Bergen auf, um kräftige, junge Männer für den Stiefeldienst und als Sänftenträger für den Kaiser zu holen. Den Sohn mit seinem Beinschaden nahmen sie nicht. Der Alte musste schmunzeln.

Traumgeburt für das Kind

Aus medizinischer Sicht ist das Wichtigste für das Kind, dass es bei der Geburt mit ausreichend Sauerstoff versorgt ist. Als der französische Geburtshelfer Frédérick Leboyer 1974 sein Buch »Geburt ohne Gewalt« zunächst in Frankreich[7] veröffentlichte, wurden Neugeborene direkt nach der Geburt noch an den Füßen kopfabwärts hochgehalten, mit einem Klaps auf den Po begrüßt und ihr Schreien wurde dabei als positives Lebenszeichen gewertet. So kam mit Sicherheit ausreichend Sauerstoff in den Kreislauf.

Leboyer forderte mit eindringlichen Worten und Bildern sanftere Bedingungen für den Start ins Leben: gedämpftes Licht, Wärme, ruhige Stimmen, das Auspulsieren der Nabelschnur, ein baldiges warmes Wannenbad, Gehalten- und Geborgensein. Er bewies, dass Neugeborene nicht schreien müssen bei ihrer Ankunft, sondern entspannt, wach und neugierig ihre Welt erforschen können.

Mit Leboyer sind Ideale für die Begrüßung eines neuen Erdenbürgers entstanden, die sich weitgehend durchgesetzt haben.

Auch Körperpsychotherapeuten haben sich forschend der Zeit des Lebens in der Gebärmutter und des Übergangs in die Welt hinaus angenommen. Klienten erlebten in der Therapie

Gefühle nach und erinnerten Umstände aus dieser Zeit, deren Richtigkeit sie mit ihren Eltern abklären konnten.[8] Diese Erkenntnisse müssen noch viel mehr Verbreitung finden und sowohl werdende Eltern wie auch Fachleute bewegen, achtsamer zu sein und Defizite im Umgang mit Schwangerschaft und Geburt aus der Welt zu räumen.

Traumhaft geboren werden

Was für ein Kind traumhaft ist, speist sich aus unserem eigenen Erleben, denn schließlich wurden wir ja auch einmal geboren! Wir denken es uns himmlisch, ein Wunschkind zu sein, das Glück von Vater und Mutter schon beim Heranwachsen in der Gebärmutter zu spüren, dort gut genährt und beschützt zu sein. Bei der Geburt werden wir dann von den Wehen massiert, sind für unser großes Abenteuer gut versorgt von Mutters körpereigenen Rauschstoffen, da sie uns voller Hingabe erwartet, und erblicken entspannt und staunend das Licht der Welt. Die warmen, sicheren Hände der Hebamme haben uns begleitet, die Eltern heißen uns willkommen und wir schauen das erste Mal in ihre liebevollen Augen. Ihre sanften Berührungen geben uns Halt und Wohlgefühl und am mütterlichen Busen durchströmt köstliche Nahrung alle unsere Sinne.

Na, wie war es für Sie, das zu lesen? Haben Sie geseufzt: *»Oh ja!«*? Oder haben Sie an einigen Stellen die Augen verdreht und gespöttelt und schmalzige Violinenmusik dazu angestellt? Würden Sie lieber für Ihr Kind ein bisschen mehr Pfeffer in die Suppe rühren und lieber das Baby kräftig drücken in Ihren Armen und lauthals jubeln, wenn's geschafft ist? Würden Sie lieber dem Kind in Ihrem Bauch seine Ruhe lassen, damit es sich nicht dauernd beobachtet fühlt? Würden Sie Ihrem Kind bei der Geburt ruhig ein bisschen mehr Aufregung zumuten, damit es stolz sein kann, was es geschafft hat?

Wir Menschen sind so verschieden und bekommen für unsere Lebensgeschichte von Anfang an eine ganz persönliche »Würzmischung«. Diese Umstände, die wir vorfinden, und unsere mitgebrachten Zutaten ergeben unsere ganz einzigartige Persönlichkeit. Sie als Eltern sind Teil der »Umstände«, die Ihr Baby vorfindet, und Sie können allmählich entdecken, welche Zutaten Ihr Kind auf die Welt mitgebracht hat. Sie können ihm bei jedem Wachstumsschritt immer wieder und immer besser Begleiter durch seine »Wehen« sein, weil Sie dieses Menschenkind mit seinen Eigenheiten immer besser kennen lernen. Dabei werden Sie Ihr Vater- oder Mutter-Sein immer weiter entwickeln.

So entdecken Sie vielleicht erst später, was Ihr Kind bei seiner Geburt als »traumhaft« erlebt hat, was genau zu seiner Persönlichkeit passte! Oder Sie entdecken, wie es Schritt für Schritt daran arbeitet, sich selbst seine Träume zu erfüllen, so wie Sie es auch versuchen!

✒ Und wie geht's weiter im Buch?

Nun sind Sie am Ende des Buches angekommen. Es folgt ein Literaturverzeichnis zur Vertiefung einzelner Themen und im Anhang finden Sie viele Adressen, die Ihnen auf Ihrer Suche nach Unterstützung durch Fachleute helfen.

15 | Schlusswort

> Der Wechsel ist das Los des Lebens,
> und es kommt ein neuer Tag.
>
> *Theodor Fontane*

Ich wünsche Ihnen, dass Ihnen die Lektüre Erleichterung bei der Bewältigung Ihres Erlebnisses bringen konnte, dass Sie Anregungen gefunden haben, die zu Ihrer Heilung beitragen, und dass Sie Lösungen für scheinbar Unauflösliches auch in Ihren Träumen aufsteigen sehen.

Ich wünsche Ihnen einen geschützten Raum und bedingungslose Solidarität und Beistand von einer vertrauten Person für die Verarbeitung Ihres schwierigen Geburtserlebnisses und Trost von allen Menschen, die Sie lieben.

Ich wünsche Ihnen, dass Sie selbst mit sich und Ihrem inneren Kind behutsam und gewährend umgehen, regelmäßig Wohltuendes in Ihren Tagesrhythmus einbauen, und dass Vertrauen und Hoffnung wieder einen Platz in Ihrem Leben bekommen und in Ihrem Körper spürbar werden.

Heilung ist möglich.

16 | Anhang

Dank

Zum Entstehen dieses Buches haben viele Menschen beigetragen. Ich möchte mich bedanken bei

- meinen Klientinnen, ihren Partnern und Babys, die mir Vertrauen entgegengebracht haben und mich an ihrem Wachstum und an ihrer Heilung teilhaben ließen.
- Hilke Schuldt und Baby Lucia Stüwe dafür, dass sie sich als »Fotomodelle« zur Verfügung gestellt haben.
- den Mitbesitzern des inspirierenden Menorca-Paradieses: In der Ruhe und Verwunschenheit des blühenden Gartens, in der Laube im Pinienschatten, mit Besuch von Käfern, Eidechsen und einer Schlange, begleitet von Vogelgezwitscher, dem Rauschen des Meeres und beständigem Sonnenschein ist das Besinnen und Niederschreiben ein Vergnügen gewesen.
- meiner Mutter Jutta Wiesermann, die Vertrauen, Hoffnung und Lebensfreude in mir ausgesät hat und mich wieder mit Sorgfalt und Respekt unterstützt hat. Ebenso Hiro Autzen, Ortrud Grön und Sabrina Lorenz, zu denen ich mich zum Schreiben zurückziehen konnte.

- meinem Sohn Maximilian Lips für seine einfühlsame Art, Szenen von Behandlungen zu fotografieren.
- meiner *viva*.-Partnerin Helen Maja Heinemann, die mir mit ihrem Arbeitseinsatz den Rücken frei gehalten hat.
- Cornelia Hammer und Dörte Laschinsky, die mir mit schnellem Korrekturlesen und hilfreichen Anregungen Wertschätzung entgegengebracht haben.
- Ulrike Reverey, Silke Uhlemann und dem Kösel-Verlag für die Unterstützung beim Verwandeln meines Manuskripts in das vorliegende Buch.
- Maria Ackmann und Wolfgang Pfau für ihr zeichnerisches Können.
- den Frauen der Körpertherapeutinnen-Gruppe und den Mitteilhabern in der Psychologischen Praxengemeinschaft Paulinenallee, die mit ihrer unerschütterlichen Anerkennung mein Wachstum von der Hebamme zur Therapeutin begleiten.
- allen Hebammenkolleginnen, die meinen Namen an Frauen weitergegeben haben, sodass ich so vielfältige Erfahrungen sammeln und damit mein Wissen bereichern konnte.
- meinen Therapie-Lehrern Jochen Nordheim, Michael Smith, Emily Derr, den Ausbildern und Ausbilderinnen des Upledger-Institut Deutschland und Charlotte Bunsen für ihre Begeisterung, ihre Präsenz und ihr Wissen, mit dem sie mich nicht nur unterrichtet, sondern angesteckt und als Mensch geprägt haben.
- meinem Mann Ulrich Bloemeke, an dessen Liebe, Kompetenz, Geduld und Treue ich wachse.

Anmerkungen

1 Einleitung und Übersicht

1 »Care for the caregiver«: Vortrag von Bridget Lynch aus Kanada beim Internationalen Hebammen-Kongress in Wien 2002.
2 Informationen zu Fortbildungen unter www.viva-wandelzeiten.de.

2 Was ist ein Trauma und welche Folgen kann es haben?

1 Siehe Gottfried Fischer: »Erste Hilfe bei schweren seelischen Belastungen. Neue Wege nach dem Trauma« (siehe Literaturverzeichnis) und Vorträge von Ulrich Sachse (u.a. www.fachklinik-furth.de/sachs.htm).
2 Wilhelm Reich: »Die Funktion des Orgasmus«, siehe Literaturverzeichnis.
3 Cranio-Sacral-Arbeit ist eine Körpertherapieform, die sich aus der Osteopathie entwickelt hat. Mit Berührungen vor allem am Kopf können die subtilen Bewegungen des Cranio-Sacralen-Rhythmus ertastet werden. Dieser Puls setzt sich über die Wirbelsäule und über die Faszien bis in alle Gewebe des Körpers fort. Seine durch Traumen u.a. entstandenen Beschränkungen können vielfältige Symptome bewirken. Siehe Literaturverzeichnis.
4 Nach ICD-10 Kapitel V, dem internationalen Klassifikationssystem psychischer Störungen, wird die posttraumatische Belastungsstörung wie folgt beschrieben (F 43.1): »Diese entsteht als eine verzögerte oder protrahierte Reaktion auf ein belastendes Ereignis oder eine Situation außergewöhnlicher Bedrohung oder katastrophenartigen Ausmaßes (kurz oder lang anhaltend), die fast bei jedem eine tiefe Verzweiflung hervorrufen würde. Hierzu gehören eine durch Naturereignisse oder von Menschen verursachte Katastrophe, eine Kampfhandlung, ein schwerer Unfall oder Zeuge des gewaltsamen Todes anderer oder selbst Opfer von Folterung, Terrorismus, Vergewaltigung oder anderen Verbrechen zu sein.«

5 In den USA hat eine Untersuchung ergeben, dass ein Drittel der Bevölkerung traumatischen Erlebnissen ausgesetzt war, davon haben 25 % eine PTBS entwickelt, die sich wiederum bei einem Drittel der Betroffenen chronifiziert hat. 2,7 % der Frauen zeigen das vollständige Bild und 3,4 % partielle Symptome einer PTBS. In Deutschland spricht man bei 2,2 % von PTBS und von vereinzelten Symptomen der PTBS bei 3,5 %. Die Zahlen bei Frauen sind um ein Vielfaches höher als bei Männern.

6 In Anlehnung an Fischer und Riedesser ist sexualisierte Gewalt eine Form der Traumatisierung: »Erleben der Diskrepanz zwischen lebensbedrohlicher Situation und einem Mangel an verfügbaren Möglichkeiten zur Bewältigung. Das Geschehen ist verknüpft mit Gefühlen von Angst, Hilflosigkeit, schutzloser Preisgabe und Vernichtung. Nachfolgend können körperliche und/oder seelische Integrität zerstört werden und zahlreiche gesundheitliche Störungen auftreten.« Nach sexualisierter Gewalt entwickeln 30 % der Opfer Symptome einer PTBS.

3 Was kann zu einem traumatischen Geburtserlebnis führen?

1 Hannah Lothrop: »Gute Hoffnung – jähes Ende« und andere Bücher zu Tod und Trauer, siehe Literaturverzeichnis.
2 Im Kapitel »Angstbewältigung bei einer weiteren Schwangerschaft« finden Sie Hinweise für eine stützende Begleitung in der Trauer.
3 Susanne Schniering: »Ich trage Dich in meinem Herzen ...«, siehe Literaturverzeichnis.
4 Über die Beratungsstelle »Cara« in Bremen ist eine hilfreiche Broschüre zu beziehen (siehe Adressenliste), die alle Methoden der Pränatal-Diagnostik übersichtlich und leicht verständlich mit Vor- und Nachteilen erklärt. Für Hebammen gibt es in der Schriftenreihe der HGH ein Heft zur Pränatal-Diagnostik und das umfassende Buch von Angelika Ensel »Hebammen im Konfliktfeld der Pränatalen Diagnostik«; ISBN 3-934021-10-7.
5 Isabelle Azoulay: »Die Gewalt des Gebärens«, siehe Literaturverzeichnis.
6 Peter A. Levine: »Trauma Heilung«, siehe Literaturverzeichnis.

7 Michel Odent: »Geburt und Stillen«, siehe Literaturverzeichnis.
8 Es ist erwiesen, dass eine im Raum bei der Gebärenden beständig anwesende Frau, eine »Doula«, positiven Einfluss auf Dauer und Schmerzerleben nimmt, siehe Literaturverzeichnis.
9 Das Buch »Lisa« ist voller Beispiele, siehe Literaturverzeichnis.
10 In einer deutschen Studie kann man lesen, dass 15 bis 21,2 % aller gebärenden Frauen sexuelle Gewalterfahrungen in der Vorgeschichte haben, davon jede dritte Frau vor ihrem 16. Geburtstag.
Eine andere Studie aus den USA (Finkelohr 1990) spricht davon, dass 27 % aller Frauen Missbrauch vor ihrem 19. Lebensjahr erlitten haben.
11 Anja Erfmann: Aus einem Vortrag über Missbrauch und seine Auswirkung auf Schwangerschaft und Geburt.
12 Gerald Hüther: »Bedienungsanleitung für ein menschliches Gehirn«, siehe Literaturverzeichnis.
13 Wilhelm Reich: »Die Funktion des Orgasmus«, siehe Literaturverzeichnis.

4 Welche Folgen hat ein Geburtstrauma für die Frau?

1 »Wenn die Seele Nein sagt« von Ute Auhagen-Stephanos (und andere Bücher zum Thema Fehlgeburt), siehe Literaturverzeichnis.
2 Fachausdruck für das Liebesband zwischen Eltern und Kind.
3 Für alle Stillprobleme unentbehrlich: Hannah Lothrop »Das Stillbuch« und Adressen von Hebammen und Stillberaterinnen, siehe Anhang.
4 Viresha J. Bloemeke: »Alles rund ums Wochenbett« und weitere Bücher im Literaturverzeichnis.
5 Mehr als 80 % aller Gebärenden leiden nach der Geburt – zumindest zeitweise – an depressiven Symptomen. 10 bis 20 % davon bekommen die Diagnose »postpartale Depression«, eine Wochenbettdepression (de Jong 2001).
6 Wochenbettpsychosen treten nur bei 0,1 bis 0,2 % der Frauen auf.
7 Susanne Kitchenham-Pec: »Beckenboden-Training« und andere Bücher im Literaturverzeichnis.

8 Petra Otto: »Die Lust neu entdecken«, siehe Literaturverzeichnis.
9 Durch Hebammenforschung (MIDIRS 2001) wurde festgestellt, dass 1 bis 2 % der Frauen nach ihrer Geburt Symptome einer PTBS aufwiesen. Bei 1,5 % waren die Symptome direktes Resultat der Geburt, ohne dass schon vor oder in der Schwangerschaft Störungen vorhanden gewesen wären. Davon bestanden bei 2,8 % der betroffenen Frauen die Symptome noch nach sechs Wochen und nur noch bei 1,5 % nach sechs Monaten.
10 Traumatherapie – Kontaktadressen siehe Anhang.
11 Adressen siehe Anhang.
12 Erkenntnis der Hirnforschung (Gerald Hüther, siehe Literaturverzeichnis).

5 Angstbewältigung bei einer weiteren Schwangerschaft

1 Im Anhang finden sich Adressen und Webseiten, über die Sie Informationen zu Hebammenleistungen bekommen.
2 Im Literaturverzeichnis finden Sie Informationen zur Arbeit der »Doula« und in der Adressenliste Webseiten (z.B. der GfG) zum Kontaktknüpfen.
3 Einige Verfahren sind ausführlich beschrieben in dem Buch »Naturheilverfahren in der Hebammenarbeit«, Hippokrates Verlag, siehe Literaturverzeichnis.
4 Ruth-Nunzia Preisig hat in ihrem Buch »Geburt und Kreativität. Den Übergang malend und gestaltend erleben« Gemäldefolgen von einigen Frauen aus ihrem Malatelier vorgestellt, siehe Literaturverzeichnis.

6 Was nun, was tun? Wege zur Trauma-Heilung

1 »Erfolgsjournal« – ein Tipp aus dem Buch »Geld tut Frauen richtig gut!« von Bodo Schäfer und Carola Ferstl (Verlag mvg 1999^2).
2 Bewegungsablauf entspricht dem Morgengebet aus Janet Balaskas »Yoga für werdende Mütter«, siehe Literaturverzeichnis.
3 Angelehnt an den Abschluss des »kleinen Kreislaufs« aus »Das stille Qi-Gong« von Ulli Olvedi, siehe Literaturverzeichnis.

4 Dazu mehr auch im Kapitel »Angstbewältigung bei einer weiteren Schwangerschaft«.
5 CTG steht für Cardio-Toko-Graphie und bedeutet »Herzton- und Wehen-Schreiber«.
6 Siehe Adressen im Anhang.
7 Über einige von Hebammen angebotene alternative Methoden informiert das Buch »Naturheilverfahren in der Hebammenarbeit«, Hippokrates Verlag, siehe Literaturverzeichnis.
8 EMDR ist eine Technik, die mit Augenbewegungen arbeitet. Der Therapeut setzt sie bei der Verarbeitung von Erinnerungen ein, die eine heftige emotionale Reaktion hervorrufen würden. Durch diese Technik wird der Kopf klarer und die Emotionen verlieren ihre Macht über die Gegenwart.

7 Körpertherapeutische Behandlung – Berührung der Seele

1 Kurze Erklärung der C.S.-Therapie im Kapitel »Was ist ein Trauma und welche Folgen kann es haben?« für eine vertiefende Lektüre, siehe Literaturverzeichnis.

8 Selbsthilfemethoden zur Heilung

1 Weitere Anregungen im Literaturverzeichnis.
2 Ortrud Grön: »Das offene Geheimnis der Träume«, Kore Verlag, siehe Literaturverzeichnis.
3 Rüdiger Rogoll: »Nimm Dich, wie Du bist«, siehe Literaturverzeichnis.
4 Siehe auch Luise Reddemann: »Imagination als heilsame Kraft«, siehe Literaturverzeichnis.
5 Chinesische Weisheit.
6 Jüdisches Sprichwort.
7 Siehe Luise Reddemann (Literaturverzeichnis).
8 Siehe auch Luise Reddemann (dto.).
9 Siehe Peter A. Levine (dto.).
10 Siehe Diplomarbeit von Cornelia Wizemann, Fachbereich Psychologie der Universität Hamburg.
11 Heilungstipps für die Vulva, Bauchmassage und Übungen für

den Beckenboden in »Alles rund ums Wochenbett« von Viresha J. Bloemeke, siehe Literaturverzeichnis.
12 Sogyal Rinpoche: »Funken der Erleuchtung«, Knaur Verlag, siehe Literaturverzeichnis.

9 Geburtstrauma für das Kind?

1 Gerald Hüther: »Bedienungsanleitung für ein menschliches Gehirn«.
2 Bücher zum Erleben des Kindes im Mutterleib, siehe Literaturverzeichnis.
3 So z.B. Otto Rank u. Franz Renggli, siehe Literaturverzeichnis.
4 Wilhelm Reich: »Die Funktion des Orgasmus« (dto.).
5 Bettina Salis: »Warum schreit mein Baby so?«, siehe Literaturverzeichnis.
6 In »Seelisches Erleben vor und während der Geburt« von Ludwig Janus (Hrsg.), siehe Literaturverzeichnis.

10 Was nun, was tun fürs Kind?

1 Margarita Klein: »Schmetterling und Katzenpfoten«, Viresha J. Bloemeke: »Alles rund ums Wochenbett«, siehe Literaturverzeichnis.
2 Es kommt z.b. manchmal vor, dass ein Knöchelchen, der Vomer, asymmetrisch über dem Gaumen steht und dadurch das Saugen erschwert.
3 Heiner Biedermann: »KISS-Kinder«, siehe Literaturverzeichnis.
4 Kontaktadressen im Anhang, im Buch »Naturheilverfahren in der Hebammenarbeit« sind einige Behandlungsmethoden erklärt, ebenso im Buch von Bettina Salis: »Warum schreit mein Baby so?«, siehe Literaturverzeichnis.
5 Geben Sie den Begriff KISS in eine Suchmaschine ein.
6 In Bettina Salis' Buch »Warum schreit mein Baby so?« und in dem Buch von Paula Diederichs und Vera Olbricht »Unser Baby schreit so viel« finden Sie Erklärungen zu den verschiedenen Methoden, siehe Literaturverzeichnis.
7 »Jedes Kind kann schlafen lernen« und andere Bücher zum Thema, siehe Literaturverzeichnis.

Anmerkungen

8 Siehe Adressen- und Literaturverzeichnis.
9 Adressen im Anhang.
10 Adressen im Anhang.
11 Unter www.stillfreundlich.de finden Sie eine Liste der Krankenhäuser, die »die 10 Schritte zum erfolgreichen Stillen« in ihrer Arbeit verankert haben.
12 Aletha Solter: »Warum Babys weinen«, Kösel-Verlag, siehe Literaturverzeichnis.
13 Siehe Adressen im Anhang sowie das Buch von Ulrike Schroeder »Homöopathie für Kinder«, siehe Literaturverzeichnis.
14 REM steht für rapid eye movement – schnelle Augenbewegung, die im Traum unter den geschlossenen Lidern stattfinden.
15 Der Moro-Reflex wird auch bei der U2 getestet.
16 An der Zimmerdecke wird eine starke Stahlfeder befestigt, an der ein Netz mit einem Körbchen darin aufgehängt ist. Dies schwingt und federt auf und ab.
17 Bestelladressen, siehe Anhang.
18 Elke Lommel: »Handling und Behandlung auf dem Schoß«, Pflaum Verlag 1997.
19 Tummy-Tub, siehe Adressenliste.
20 Aletha Solter: »Warum Babys weinen«, siehe Literaturverzeichnis.
21 Siehe Adressenliste.
22 Die Ergebnisse sicherer emotionaler Bindung beschreibt der Hirnforscher Gerald Hüther in seinen Büchern, siehe Literaturverzeichnis.

11 Geburtstrauma für den Mann?

1 Michael L. Möller: »Die Wahrheit beginnt zu zweit. Das Paar im Gespräch«, siehe Literaturverzeichnis.

12 Traumatische Geburtsverläufe für Hebammen und Geburtshelfer

1 Das »Hüten« der Hebamme bedeutet: einer Gebärenden beizustehen, sie zu versorgen und zu überwachen.

2 Otto Rank: »Das Trauma der Geburt« und Franz Renggli: »Der Ursprung der Angst«, siehe Literaturverzeichnis.
3 Bitte schreiben Sie mir Ihre Erfahrungen, wenn Sie selbst die Geburt Ihres Kindes traumatisch erlebt haben. Wie war es für Sie, anschließend wieder als Hebamme tätig zu sein? Wie schaffen Sie es, für die Frauen Zuversicht auszustrahlen und Mut zuzusprechen? Info@frauengesundheit.de

13 Trauma im Beruf – Was tun, um sich zu helfen?

1 Wilhelm Reich: »Die Funktion des Orgasmus«, siehe Literaturverzeichnis.
2 Forschungsergebnisse von Bange und Deegner 1996, Finkelhor 1994, Ernst 1997.
3 Forschungsergebnisse aus dem Jahr 2001 von Ayers S. Pickering in MIDIRS, einem Werk gesammelter Forschungsergebnisse für Hebammen.

14 Die Traumgeburt

1 Titel eines Hebammenkongresses.
2 Werbeslogan aus Großbritannien, 2002.
3 »Roma-Rad« ist ein speziell entworfener großer Gebärstuhl in Radform.
4 K. Hurrelmann und P. Kolip: »Geschlecht und Gesundheit«, Verlag Hans Huber 2002.
5 Die ersten Bewerbungen für den Titel »Mother-Friendly-Hospital« treffen seit 2001 ein. Informationen unter www.mother-friendly.org.
6 Berichte aus vielen Ländern der Welt und die entsprechenden Bedingungen der Geburtshilfe wurden auf dem Internationalen Hebammenkongress 2002 in Wien dargestellt (Kongressbericht als CD-Rom).
7 1981 erschien es in Deutschland bei Kösel.
8 Bücher zum Perinatalen Erleben, siehe Literaturverzeichnis.

Literaturverzeichnis

Traumaheilung

Gottfried Fischer: *Erste Hilfe bei schweren seelischen Belastungen. Neue Wege nach dem Trauma*, Vesalius Verlag 2002
Peter A. Levine mit Ann Frederick: *Trauma-Heilung. Die Energien des Lebens wiedererwecken*, Synthesis 1999^2
Luise Reddemann: *Imagination als heilsame Kraft*, Pfeiffer bei Klett-Cotta 2002

Traumatische Geburtserlebnisse und ihre Verarbeitung

Isabelle Azoulay: *Die Gewalt des Gebärens. Streitschrift wider den Mythos der glücklichen Geburt«*, List Verlag 1998
Elisabeth Geisel: *Tränen nach der Geburt. Wie depressive Stimmungen bewältigt werden können*, Kösel 1997
Petra Nispel: *Mutterglück und Tränen*, Herder 2001

Fehlgeburt und Tod

Ute Auhagen-Stephanios: *Wenn die Seele Nein sagt. Unfruchtbarkeit – Deutung, Hoffnung, Hilfe*, Kösel 2002
Wolfhart Berg: *Wir hätten doch so gern ein Baby ... Was Paare über künstliche Befruchtung wissen sollten*, Kösel 2001^2
Susan Borg/Judith Lasker: *Glücklose Schwangerschaft. Hilfe bei Fehlgeburt, Totgeburt und Missbildungen*, Tomus 1987
Jorgos Canacakis/Annette Bassfeld-Schepers: *Auf der Suche nach den Regenbogentränen*, Bertelsmann 1994
Julie Fritsch/Sherokee Ilse: *Unendlich ist der Schmerz. Eltern trauern um ihr Kind*, Kösel 2001^2
LISA: *Zum Sterben geboren. Eine Lebenshilfe*, Selbstverlag 2001, ISBN 3-00-008542-4
Hannah Lothrop: *Gute Hoffnung – jähes Ende*, Kösel 2002^5
Gottfried Lutz/Barbara Künzer-Riebel (Hrsg.): *Nur ein Hauch von Leben*, Ratgeber Fischer 1991

Christa Nehring: *Fehlgeburt*, edition diskord im Konkursbuchverlag 1986

Sogyal Rinpoche: *Das Tibetische Buch vom Leben und vom Sterben*, Scherz 1993

Susanne Schniering: *Ich trage Dich in meinem Herzen. Der Gedenkplatz für nicht beerdigte Kinder in Ohlsdorf*, Hanna Strack Verlag 2001

Unerfüllter Kinderwunsch Broschüre der Pro Familia (siehe Adressenliste)

Warum gerade wir? Wenn ungewollte Kinderlosigkeit die Seele belastet, Broschüre der BzgA (siehe Adressenliste: Bestell-Nr. 13624001)

Kaiserschnitt

Ines Albrecht-Engel/Manfred Albrecht: *Kaiserschnitt*, Rowohlt 1995

Theresia Maria de Jong/Gabriele Kemmler: *Kaiserschnitt. Wie Narben an Bauch und Seele heilen können*, Kösel 2003

Heilung nach sexualisierter Gewalt

Ellen Bass/Laura Davis: *Trotz allem. Wege zur Selbstheilung für sexuell missbrauchte Frauen*, Orlanda Frauenverlag 2000[9]

Pränatale Diagnostik

Eva Schindele/Anne Waldschmidt/Anna D. Brockmann: *Gläserne Gebär-Mütter. Vorgeburtliche Diagnostik – Fluch oder Segen?*, Fischer 1992[2]

Eva Schindele: *Schwangerschaft. Zwischen guter Hoffnung und medizinischem Risiko*, Rasch und Röhring 1995

Heilsames für Körper, Geist und Seele

Therapeutische-Methoden

Adamaszek u.a.: *Naturheilverfahren in der Hebammenarbeit*, Hippokrates 2002

Uschi Brunner/Heike Wicklein: *Die Kunst der Ayurvedischen Massage*, Kösel 2002[3]

Maren Fischer-Epe: *Coaching: Miteinander Ziele erreichen*, Rowohlt 2002²

Friedrich P. Graf: *Ganzheitliches Wohlbefinden. Homöopathie für Frauen*, Herder 2002²

Ruth-Nunzia Preisig: *Geburt und Kreativität. Den Übergang malend und gestaltend erleben*, preisig@mal-atelier.ch, www.mal-atelier.ch, Tel. 0041-81-252 88 66

Wilhlem Reich: *Die Funktion des Orgasmus*. Kiepenheuer & Witsch 1987

Rüdiger Rogoll: *Nimm dich, wie du bist! Wie man sich einig werden kann*, Herder 2002

John E. Upledger: *Auf den inneren Arzt hören*, Hugendubel, 1999²²

Körperübungen und Wahrnehmung

Julie Henderson: *Embodying Well-Being. Wie man sich trotz allem wohl fühlen kann*, AJZ Druck & Verlag 2001

Julie Henderson: *Die Erweckung des inneren Geliebten*, Ansata 1990

Susanne Kitchenham-Pec/Annette Bopp: *Beckenboden-Training*, Trias 1997 (Buch und Video)

Margarita Klein/Maria Weber: *Das tut mir gut nach der Geburt*, Rowohlt 1998

Ulli Olvedi: *Das Stille Qi-Gong*, Heyne 1998

Katharina Wolfram: *Mit dem Drachen tanzen. Kraftzentrale Beckenboden*, Droemer Knaur 1998

Traum und Imagination

Ortrud Grön: *Das offene Geheimnis der Träume*, Kore 1998

Hallie Iglehart: *Weibliche Spiritualität*, Kösel 1988

Stephen Levine: *Sein lassen, Heilung im Leben und im Sterben*, Kamphausen 1997³

Else Müller: *Du spürst unter deinen Füßen das Gras*, Fischer 1997, CD und MC bei Kösel

John O. Stevens: *Die Kunst der Wahrnehmung*, Gütersloher Verlag 2002¹⁶

Erbauliches zum Lesen

Michael Ende: *Momo* (Beppo Straßenkehrer), Thienemann 1973
Clarissa P. Estés: *Die Wolfsfrau*, Heyne 1993
Gerald Hüther: *Bedienungsanleitung für ein menschliches Gehirn*, Vandenhoeck & Ruprecht 2002³
Sogyal Rinpoche: *Funken der Erleuchtung. Buddhistische Weisheiten für jeden Tag des Jahres*, Scherz 1995
Zeruya Shalev: *Mann und Frau*, Berliner Taschenbuchverlag 2002

Traumhafte Vorbereitung auf Geburt und Elternschaft

Janet Balaskas: *Aktive Geburt*, Kösel 2000
Janet Balaskas: *Yoga für werdende Mütter*, Kösel 1995
Viresha J. Bloemeke: *Alles rund ums Wochenbett*, Kösel 2002²
Broschüre über Schwangerenvorsorge, zu beziehen über hebammenverband.hamburg@t-online.de
Rudolf Hebel/Helen M. Heinemann: *Meine Schwangerschaft*, pocket Börm/Bruckmeier 2002
Marshall H. Klaus/John H. Kennell/Phyllis H. Klaus: *Doula. Der neue Weg der Geburtsbegleitung*, Mosaik 1995
Marshall H. Klaus/Phyllis H. Klaus: *Das Wunder der ersten Lebenswochen*, Kösel 2000
Frédérick Leboyer: *Geburt ohne Gewalt*, Kösel 1995⁸
Frédérick Leboyer: *Sanfte Hände. Die traditionelle Kunst der indischen Baby-Massage*, Kösel 2001³
Michel Odent: *Erfahrungen mit der sanften Geburt*, Kösel 1986
Michel Odent: *Geburt und Stillen*, Beck 2000²
Ingeborg Stadelmann: *Die Hebammensprechstunde*, erschienen im Eigenverlag 1994.
Gerlinde M. Wilberg/Elke Brüser: *Zeit für uns*, Kunstmann 1996

Mutter sein

Barbara Sichtermann: *Leben mit einem Neugeborenen*, Fischer 2000²⁴
Daniel Stern/Nadia Buschweiler-Stern/Alison Freeland: *Geburt einer Mutter*, Piper 2000

Literaturverzeichnis 217

Paar sein/Eltern sein

Thomas Gordon: *Familienkonferenz*, Heyne 1989
John Gray: *Männer sind anders, Frauen auch*, Goldmann 1998
Helen M. Heinemann: *Eltern sein – Liebespaar bleiben*, Börm/Bruckmeier 2003
Michael L. Möller: *Die Wahrheit beginnt zu zweit. Das Paar im Gespräch*, Rowohlt 2001
Petra Otto: *Die Lust neu entdecken*, Rowohlt 1996

Das Geburtserlebnis und Heilung für das Kind

Das Erleben im Mutterleib

David Boadella: *Befreite Lebensenergie*, Kösel 2002^3
Ludwig Janus/Sigrun Haibach (Hrsg.): *Seelisches Erleben vor und während der Geburt*, LinguaMed Verlag 1997

Trauma Geburt

Otto Rank: *Das Trauma der Geburt und seine Bedeutung für die Psychoanalyse*, Psychosozial Verlag 1998
Franz Renggli: *Der Ursprung der Angst. Antike Mythen und das Trauma der Geburt*, Walter Verlag 2001

Massagen

Hartmut E. Höfele/Margarita Klein: *Sanfte Klänge für Eltern und Babys*, Ökotopia 1999
Margarita Klein: *Schmetterling und Katzenpfoten*, Ökotopia 2000
Vimala Schneider: *Babymassage*, Kösel 2002

Alternative Behandlungsmethoden

Christine Lauterbach/Ulrike Schroeder: *Homöopathie für Kinder*, pocket Börm/Bruckmeier 2002
Sigrid Schmidt: *Bachblüten für Kinder*, Gräfe und Unzer 1994

Spiel und kindliche Entwicklung

Marianne Austermann/Gesa Wohlleben: *Zehn kleine Krabbelfinger*, Kösel 2002[2]
Emmi Pikler: *Lasst mir Zeit*, Pflaum 2001[2]
Liesel Polinski: *PEKiP – Spiel und Bewegung mit Babys*, Rowohlt 2002[2]
Hetty van de Rijt/Frans X. Plooij: *Oje, ich wachse*, Goldmann 1998

Schlaf

Annette Kast-Zahn/Hartmut Morgenroth: *Jedes Kind kann schlafen lernen*, Oberstebrink 2002[13]
Jirina Prekop: *Schlaf, Kindlein, verflixt noch mal!*, Kösel 1997
William Sears: *Schlafen und Wachen*, La Leche Liga Schweiz 1991

Untröstliches Weinen

Heiner Biedermann: *KISS-Kinder*, Enke 2001
Paula Diederichs/Vera Olbricht: *Unser Baby schreit so viel*, Kösel 2002
Jirina Prekop: *Hättest du mich festgehalten ...*, Kösel 1995[5]
Bettina Salis: *Warum schreit mein Baby so?*, Rowohlt 2000
Aletha J. Solter: *Warum Babys weinen*, Kösel 1998[8]

Ernährung, Allergie

Marietta Cronjaeger: *Das Stillkochbuch*, Kösel 2001[5]
Marianne Loibl/Stefanie Braun: *Das Alete-Kochbuch*, Kösel 2002
Hannah Lothrop: *Das Stillbuch*, Kösel 2002[27]
Verbraucherzentrale: *Gesunde Ernährung von Anfang an*

Adressenliste

Trauma-Therapie

Deutsches Institut für Psychotraumatologie Tel.: 02245/919 40,
Web: www.psychotraumatologie.de
www.trauma-informations-zentrum.de

Dr. med. Luise Reddemann, Kursverwaltung: Gunde Hartmann, Schulberg 5, 89435 Finningen, Tel.: 09074/910 10, Fax: 09074/910 20, E-mail: gunde.hartmann@vr-web.de

Villa Lindenfels, Institut für systemische Therapie und Traumatherapie, Breitenbach/Requardt, Lindenfelsstr. 35, 70327 Stuttgart, Tel.: 0711/480 00 08, Fax: 0711/48 10 08,
E-mail: info@villa-lindenfels.de

Zentrum für Psychotraumatologie e.V., Ludwig-Mond-Str. 45A, 34121 Kassel, Tel.: 0561/921 95 06, Fax: 0561/921 95 34, E-mail: traumazentrum@web.de,
Web: www.zentrumpsychotraumatologiekassel.de

Dr. Peter Fricke (Fortbildung in Traumaberatung), Alter Tecklenburger Weg 9, 33775 Versmold, Tel./Fax: 05423/424 36

Dr. med. Guido Flatten, c/o Klinik für Psychosomatik und Psychotherapeutische Medizin, Universitätsklinikum der RWTH, Pauwelsstr. 30, 52057 Aachen, Tel.: 0241/808 01 36, Fax: 0241/808 24 22, E-mail: gflatten@ukaachen.de

EMDR-Institut Deutschland, Tel.: 02204/96 31 80

Verband EMDR: Web: www.emdr-europe.net, Vermittlung von Therapeuten:

für Deutschland: Web: www.emdr-practitioner-institut.de und www.EMDRIA.de

für Österreich: Web: www.emdr.at und www.emdr-practitioner.net/austria.htm

für die Schweiz: Web:
www.emdr-practitioner.net/switzerland.htm

Diverse Wege der Heilung

Psychotherapie-Verbände

Liste der Psychotherapeuten-Verbände: Web: www.gesundheit-psychologie.de

Hamburger Zentrum für integrative Körper- und Psychotherapie, Paulinenallee 32, 20259 Hamburg, Tel./Fax: 040/43 50 77, Leitung: Michael Meiffert und Jochen Nordheim,
Web: www.koerper-psychotherapie.de

European Association for Bodypsychotherapy (Körperpsychotherapeutischer Dachverband), Web: www.eabp.org

Internationales Institut für Biosynthese (IIBS), Leitung: Dr. D. Boadella, Dr. S. Specht-Boadella, Web: www.biosynthesis.org

Wilhelm-Reich-Gesellschaft e.V., c/o Volker Knapp-Diederichs, Ruppiner Chaussee 291 B, 13503 Berlin, Tel.: 030/43 65 56 91, Fax: 030/43 66 29 09, Web: www.wilhelm-reich-gesellschaft.de und www.vkdnet.de

Internationale Studiengemeinschaft für Prä- und perinatale Psychologie und Medizin (ISPPM), Präsident: Dr. med. L. Janus,
Web: www.isppm.de

Deutsche Fachgesellschaft für tiefenpsychologisch fundierte Psychotherapie e.V. (DFT), Humboldtstr. 50 a, 22083 Hamburg, Tel.: 040/22 75 75 00, Fax: 040/22 75 75 01,
Web: www.dft-online.de

Arbeitsgemeinschaft Psychotherapeuten Fachverbände (AGPF), www.agpf-ev.de/verband.htm (Verbände verschiedenster Therapieverfahren, u.a. Transaktionsanalyse)

Verband der psychologischen Psychotherapeuten (VPP):
Web: www.vpp.org

Deutscher Psychotherapeuten Verband (DPTV): Web: www.dptv.de

Neuro Linguistisches Programmieren (NLP):
Web: www.nlp.de und www.nlp.ch und www.nlp.at

Adressenliste

Alternative Heilungswege

Cranio-Sacral-Therapie

Verband der Upledger CranioSacral TherapeutInnen (UCD) e.V., Schwartauer Landstr. 114-118, 23554 Lübeck, Tel.: 0451/400 38 44, Fax: 0451/407 98 68 und Upledger-Institut Deutschland, Sarkwitzer Weg 3, 23617 Malkendorf, Tel.: 04504/63 36, Fax: 04504/673 98, Web: www.upledger.de
Schweizerischer Dachverband für Craniosacral-Therapie, Sunnetalstr. 19, CH-8117 Fällanden, Tel.: 01/887 28 26, Web: www.sdvc.ch, www.cranioverband.ch und www.upledger.ch
Österreichischer Verband der Upledger CranioSacral-Therapeuten, Franz-Schöpfer-Gasse 39, A-8570 Voitsberg, Tel.: 03142/220 84, Web: www.upledger.at
Hugh Milne Institut in der Schule für Shiatsu, Oelkersallee 33, 22769 Hamburg, Tel.: 040/430 18 85,
Web: www.milneinstitute.com

Osteopathie

Verband der Osteopathie Deutschlands e.V., Bundesgeschäftsstelle, Untere Albrechtstr. 5, 65185 Wiesbaden, Tel.: 0611/91 03 661, Web: www.osteopathie.de
Österreichische Gesellschaft für Osteopathie, Pappenheimgasse 10-16, A-1200 Wien, Tel.: 01/330 83 81, Web: www.oego.org
Schweizerischer Dachverband für Osteopathie SAOM,
Web: www.saom.ch und www.osteopathie-ecole.ch

Homöopathie

Praxis für Homöopathie Thomas Mickler, Heilpraktiker, Aktienstr. 175, 45473 Mülheim/Ruhr, hat Informationen über klassische Homöopathie und Adressen von Verbänden in D, A, CH u.a. gesammelt: Web: www.mickler.de

Akupunktur

Deutsche Ärztegesellschaft für Akupunktur (DÄGfA) e.V., Würmtalstr. 54, 81375 München, Tel.: 089/710 05-11, Fax: 089/710 05-25, Web: www.daegfa.de

National Acupuncture Detoxification Association (NADA) Deutsche Sektion, Geschäftsstelle, Wohlers Allee 28, 22767 Hamburg, Tel.: 040/432 54 51-5, Fax: 040/432 54 51-6, Web: www.nada-akupunktur.de

Wissensarchiv Studiengruppe für Dokumentation und Forschung in der Ganzheitsmedizin, Wien, Österreich, Web: www.tow.at

Physiotherapie

Der Richard Pflaum Verlag hat in einem Physiotherapie-Portal Verbandsadressen für PhysiotherapeutInnen in D, A, CH gelistet: Web: www.pflaum.de

Heilpraktiker

Im Dachverband *Die Deutschen Heilpraktikerverbände (DDH)* sind 6 Verbände Mitglied, die Sie unter Web: www.ddh-online.de finden. Beispielsweise:

Bund Deutscher Heilpraktiker (BDH), Vorstandsvorsitzender Ulrich W. Sümper, Tel.: 02581/615 50, Web: www.bdh-online.de

Trauerbegleitung

Initiative Regenbogen »Glücklose Schwangerschaft« e.V.
In Deutschland: In der Schweiz 9, 72636 Frickenhausen, Tel.: 05565/13 64, Web: www.initiative-regenbogen.de
In Österreich: Web: www.gluecklosesschwangerschaft.at

Verwaiste Eltern in Deutschland e.V. Bundesstelle, Fuhrenweg 3, 21391 Reppenstedt, Tel.: 04131/680 32 32, Fax: 04131/68 11 40, Web: www.veid.de (internationale Kontakte)

Trauma nach einem Schwangerschaftsabbruch: Web: www.schwangerschaftsabbruch.de und www.afterabortion.com

GEPS Deutschland e.V. – Gemeinsame Elterninitiative Plötzlicher Säuglingstod, Bundesgeschäftsstelle, Rheinstr. 26, 30519 Hannover, Tel./Fax: 0511/838 62 02,
E-mail: geps-deutschland@t-online-de, Web: www.geps.de
Sternenbrücke, das Kinder-Hospiz in Hamburg, Sandmoorweg 62, 22559 Hamburg, Tel.: 040/819 91 20, Fax: 040/81 99 12 50, Web: www.sternenbruecke.de

Begleitung nach Gewalterfahrungen

Adressen von Beratungsstellen: Donna Vita, Ruhnmark 11, 24975 Maasbüll bei Flensburg, Tel.: 04634/17 17,
Web: www.donnavita.de
Berliner Interventionszentrale bei häuslicher Gewalt (BiG e.V.): Web: www.bigberlin.org
Fachgruppe des AKF »Sexualisierte Gewalt gegen Frauen und die Auswirkungen auf Schwangerschaft, Geburt und Wochenbett« (siehe unter Unterstützung für Frauen – AKF)

Selbsthilfegruppen

Nationale Kontakt- und Informationsstelle zur Anregung und Unterstützung von Selbsthilfegruppen (NAKOS), Wilmersdorfer Str. 39, 10627 Berlin, Tel.: 030/31 01 89 60, Fax: 030/31 01 89 70, Web: www.nakos.de
Viele Adressen von diversen Selbsthilfegruppen in der Schriftenreihe der Hebammengemeinschaftshilfe (HGH), Nr. 9 »Pränatale Diagnostik«, ISBN 3-934021-09-3

Unterstützung für Frauen

Arbeitskreis Frauengesundheit (AKF®) e.V., Knochenhauerstr. 20-25, 28195 Bremen, Tel.: 0421/434 93 40, Fax: 0421/160 49 60, Web: www.AKF-Info.de
Verband der Familienfrauen und -männer (dhg) e.V., Bundesvorsitzender Manfred Schreiber, Am Heidengraben 5, 79199 Kirchzarten, Tel.: 07661/55 79, Fax: 07661/625, Web: www.dhg-vffm.de
Elly-Heuss-Knapp-Stiftung – Deutsches Müttergenesungswerk, Postfach 1260, 90544 Stein, Tel.: 0911/96 71 10,
Fax: 0911/67 66 85, Web: www.muettergenesungswerk.de

Tagesmütter Bundesverband für Kinderbetreuung und Tagespflege e.V., Breite Str. 2, 40670 Meerbusch, Tel.: 02159/13 77, Fax: 02159/20 20, Web: www.tagesmuetter-bundesverband.de

Rund um die Geburt

Hebammenverbände

Bund Deutscher Hebammen (BDH) e.V., Gartenstr. 26, 76133 Karlsruhe, Tel.: 0721/98 18 90, Fax: 0721/981 89 20, Web: www.bdh.de und www.hebammen-forum.de
Bund freiberuflicher Hebammen Deutschlands (BfHD) e.V., Kasseler Str. 1a, 60486 Frankfurt/Main, Tel.: 069/79 53 49 71, Fax: 069/79 53 49 72, Web: www.bfhd.de
Österreichisches Hebammen-Gremium, Postfach 438, A-1060 Wien, Tel./Fax: 01/597 14 04, Web: www.hebammen.at
Schweizerischer Hebammenverband, Flurstr. 26, CH-3000 Bern 22, Tel.: 031/332 63 40, Fax: 031/332 76 19, Web: www.bluewin.ch

Hebammensuche

D: Web: www.hebammensuche.de und www.hebammen.de
CH: Web: www.hebamme.ch oder www.forum-geburt.ch

Geburtshäuser

D: Elke Löffler, Tizianstr. 23b, 53844 Troisdorf, Tel./Fax: 02241/39 57 67, Web: www.geburtshaus.de
CH: Web: www.geburtshaus.ch
Europa: Christine Dress, Im Egert 9, 73730 Esslingen, Tel.: 0711/360 94 88, Fax: 0711/36 62 62, Web: www.birthcenter-europe.net

Gynäkologen

Deutsche Gesellschaft für Psychosomatische Frauenheilkunde und Geburtshilfe (DGPFG) e.V., Gießenstr. 15, 68199 Mannheim, Tel.: 0621/82 55 34, Fax: 0621/828 22 04, Web: www.dgpfg.de
Deutsche Gesellschaft für Gynäkologie und Geburtshilfe, Pettenkoferstr. 35, 80336 München, Tel.: 089/538 99 85, Fax: 089/538 92 32, Web: www.dggg.de

Adressenliste

Rat bei Kunstfehlern

Bundesinteressengemeinschaft Geburtshilfegeschädigter e.V. (BIG), Nordsehler Str. 30, 31655 Stadthagen, Tel.: 05721/723 72, Fax: 05721/81 783, Web: www.big-ev.de

Arbeitskreis Kunstfehler in der Geburtshilfe e.V. (AKG), Münsterstr. 261, 44145 Dortmund, Tel.: 0231/52 58 72, Fax: 0231/52 60 48, Web: www.netdoktor.de/wegweiser/selbsthilfe

Krise nach der Geburt

Schatten & Licht – Krise nach der Geburt e.V., Bianca Dietrich, In den Bellen 6, 67360 Lingenfeld, Web: www.schatten-und-licht.de

Weitere Informationsmöglichkeiten

Gesellschaft für Geburtsvorbereitung – Familienbildung und Frauengesundheit – (GfG) Bundesverband e.V., Antwerpener Str. 43, 13353 Berlin, Tel.: 030/450 269 20, Fax: 030/45 02 69 21, Web: www.gfg-bv.de

Initiativ Liewensufank a.s.b.l. in Luxemburg., 20 rue de Contern, L-5955 ITZIG, Tel.: (+352) 36 05 98, Tel. Sekretariat: (+352) 36 05 97-12, Fax: (+352) 36 61 34, Web: www.liewensufank.lu

Informationsnetz Geburtskanal, Postfach 10 46, 51481 Overath, Web: www.geburtskanal.de

Doula – Verein für Geburt in Würde und Menschlichkeit e.V., c/o Monika Brühl, Hausdorffstr. 172, 53219 Bonn, Tel.: 0228/232 45 50, Web: www.doula.de

Doula-Infostelle Schweiz, Christine Fivian-Rehli, Winkelstrasse 9, CH-8165 Schöfflisdorf, Tel.: 01/875 05 33, Web: www.doula.ch

Arbeitsgemeinschaft Gestose-Frauen e.V., Kapellener Str. 67a, 47661 Issum, Tel.: 02835/26 28, Fax: 02835/29 45, Web: www.gestose-frauen.de

Mütterzentren Bundesverband e.V., Müggenkampstr. 30a, 20257 Hamburg, Tel.: 040/40 17 06 06, Fax: 040/490 38 26, Web: www.muetterzentren-bv.de und in der Schweiz: Dachverband Schweizerischer Mütterzentren, c/o Sandra Hofmann-Saccani, Wasserfurrirstr. 1, CH-8542 Wiesendangen, Tel.: 052/337 06 00, Fax: 01/625 12 20

Regionaler Mütter-Not-Telefondienst oder Kinder- und Jugendnotdienst

Dachverband der Frauengesundheitszentren in Deutschland e.V., Goetheallee 9, 37073 Göttingen, Tel.: 0551/48 70 25, Fax: 0551/521 78 36, Web: www.frauengesundheitszentren.de

Pro Familia, Deutsche Gesellschaft für Familienplanung, Sexualpädagogik und Sexualberatung e.V. Bundesverband, Stresemannallee 3, 60596 Frankfurt am Main, Tel.: 069/63 90 02, Fax: 069/63 98 52, Web: www.profamilia.de

Verband Alleinerziehender Mütter und Väter (VAMV) Bundesverband e.V., Hasenheide 70, 10967 Berlin, Tel.: 030/695 97 86, Fax: 030/69 59 78 77, Web: www.vamv.de

Fachverband für Erziehungs-, Familien- und Jugendberatung: Bundeskonferenz für Erziehungsberatung, Herrnstr. 53, 90763 Fürth, Tel.: 0911/977 14-0, Fax: 0911/74 54 97, Web: www.bke.de

Erziehungs-, Ehe- und Familienberatungsstellen der Städte und Gemeinden, Kirchen und Verbände

Deutsche Arbeitsgemeinschaft für Ehe- und Jugendberatung (DAJEB) e.V., Neumarkter Str. 84c, 81673 München, Tel.: 089/436 10 91, Fax: 089/431 12 66, Web: www.dajeb.de

Bundesministerium für Gesundheit, 53108 Bonn, Web: www.bmgesundheit.de

Bundesministerium für Familie, Senioren, Frauen und Jugend, Taubenstr. 42-43, 10117 Berlin, Tel.: 030/20 65 50, Fax: 030/206 55 11 45, Web: www.bmfsfj.de

Bundeszentrale für gesundheitliche Aufklärung (BZgA), Ostmerheimer Str. 220, 51109 Köln – Broschüren zum Themenbereich Familie und Gesundheit des Kindes BzgA 51101 Köln, Tel.: 0221/899 20, Fax: 0221/899 23 00 (z.B. Heft der BzgA »Eltern sein – Familienverbände«, Bestellnr. 13650000, enthält viele hilfreiche Adressen), Web: www.bzga.de

Beratungsstelle zur vorgeburtlichen Diagnostik e.V. CARA, Große Johannisstr. 110, 28199 Bremen, Tel.: 0421/59 11 54, Fax: 0421/597 84 95, Web: www.cara-beratungsstelle.de

# Adressenliste

Hilfe für das Kind

Wenn das Baby untröstlich weint
Beratung und Austausch, Vermittlung von Fachleuten in D, A, CH,
Web: www.trostreich.de
Ressourcenorientierte körperpsychotherapeutische Krisenintervention nach der Methode Paula Diederichs,
Web: www.schreibabyambulanz.info
Thomas Harms, Institut für Reichianische Körpertherapie, Parkstr. 50, 28209 Bremen, Tel.: 0421/349 12 36,
Web: www.reichinbremen.de
KISS-Syndrom: Information, Austausch und Therapeutenlisten,
Web: www.kiss-kid.de und www.finderboerse.de

Berufsverbände und Vereine
Berufsverband der Kinder- und Jugendärzte (BVKJ) e.V., Präsident Dr. Klaus Gritz, Mielenforster Str. 2, 51069 Köln,
Web: www.kinderaerzteimnetz.de
Berufsverband für Kinderkrankenschwestern und Kinderkrankenpfleger e.V., Janusz-Korczak-Allee 12, 30173 Hannover,
Web: www.kinderkrankenpflege-netz.de
Kindernetzwerk e.V. für kranke und behinderte Kinder und Jugendliche in der Gesellschaft, Hanauer Str. 15, 63739 Aschaffenburg, Tel.: 06021/120 30, Fax: 06021/124 46,
Web: www.kindernetzwerk.de
Deutscher Kinderschutzbund e.V. (DKSB), Bundesgeschäftsstelle, Schiffgraben 29, 30159 Hannover, Tel.: 0511/30 48 50, Fax: 0511/304 85 49, Web: www.dksb.de
Deutsche Liga für das Kind in Familie und Gesellschaft, Chausseestr. 17, 10115 Berlin, Tel.: 030/28 59 99 70, Fax: 030/28 59 99 71, Web: www.liga-kind.de
Aktionskomitee Kind im Krankenhaus (AKiK) e.V. Bundesverband, Kirchstr. 34, 61440 Oberursel, Tel./Fax: 06172/30 36 00,
Web: www.akik.de
Arbeitsgemeinschaft Allergiekrankes Kind (AAK) e.V. Bundesverband, Nassaustr. 32, 35745 Herborn, Tel.: 02772/92 87-0, Fax: 02772/92 87-48, Web: www.aak.de

Deutsche Gesellschaft für die seelische Gesundheit in der frühen Kindheit (GAIMH), Mechthild Papoušek, Kinderzentrum München, Heiglhofstr. 63, 81377 München, Tel.: 089/71 00 90, Web: www.gaimh.de

Stillen und Ernährung

La Leche Liga (LLL) e.V., Deutschland: Dannenkamp 25, 32479 Hille, Telefonhotline (für Stillberatung): 06851/25 24, Web: www.lalecheliga.de
In Österreich: www.lalecheleague.at
In der Schweiz: www.stillberatung.ch
Arbeitsgemeinschaft Freier Stillgruppen (AFS) e.V. Bundesverband, Rüngsdorfer Str. 17, 53173 Bonn, Tel.: 0228/350 38 71, Fax: 0228/350 38 72, Web: www.afs-stillen.de
(BDL) Bund Deutscher LaktationsberaterInnen IBCLC e.V., Saarbrückener Str. 172, 38116 Braunschweig, Tel.: 0531/250 69 90, Fax: 0531/250 69 91, Web: www.bdl-stillen.de
Verband der Still- und Laktationsberaterinnen Österreichs (VSLÖ), Lindenstr. 20, A-2362 Biedermannsdorf, Tel.: 02236/723 36, Web: www.stillberatung.at
Berufsverband Schweizerischer Stillberaterinnen, Tel.: 041/671 01 73, Fax: 041/671 01 71, Web: www.stillen.ch
Verband Europäischer Laktationsberaterinnen, Südhang 4, 32457 Porta Westfalica, Web: www.velb.org
Verein zur Unterstützung der WHO/UNICEF-Initiative »Stillfreundliches Krankenhaus« (BFHI) e.V., Homburger Str. 22, 50969 Köln, Web: www.stillfreundlich.de
Deutscher Allergie- und Asthmabund (DAAB) e.V., Hindenburgstr. 110, 41061 Mönchengladbach, Tel.: 02161/102 07 und 02161/65 25 98, Web: www.daab.de
Aktionsgruppe Babynahrung (AGB) e.V., Untere Masch-Str. 21, 37073 Göttingen, Tel.: 0551/53 10 34, Fax: 0551/53 10 35, Web: www.babynahrung.org
Deutsche Gesellschaft für Ernährung (DGE) e.V., Godesberger Allee 18, 53175 Bonn, Tel.: 0228/377 66 00, Web: www.dge.de

Adressenliste

Was die Entspannung fördert

Tragetücher Didymos®, Erika Hoffmann GmbH, Alleenstr. 8, 71638 Ludwigsburg, Tel.: 07141/92 10 24, Fax: 07141/92 10 26, Web: www.didymos.de

Tragesack Glückskäfer: Käfer & Partner GmbH, Glückskäfer Kinderwelt, Germanenstr. 9, 72768 Reutlingen, Tel.: 07121/560-0, Fax: 07121/560-151, Web: www.glueckskaefer.de

Baby-Federwiege Lullababy®, Info Service, Frankfurter Str. 27a, 63303 Dreieich, Tel.: 0180-500 16 88, Fax: 0180-500 16 87, Web: www.lullababy.com

Hängematten vom Hängemattenladen, Bei der Reitbahn 2, 22763 Hamburg, Tel.: 040/39 22 23, Fax: 040/390 69 88, Web: www.haengematte.de

Stillkissen von Raumausstattung Andrea Schlegel, Ausbau 6, 18182 Rövershagen, Tel.: 038202/22 51, Fax: 038202/361 70, Web: www.stillkissen.de

Bade-Eimer Tummy Tub®, DomoVital Vertriebs GmbH, Kolpingweg 4, 48720 Rosendahl/Darfeld, Tel.: 02545/91 96-0, Fax: 02545/91 96-10, Web: www.domovital.com

Naturbelassene Pflegeprodukte, Baby- und Kinderkleidung

Lotties® Tel.: 0800/849 09 00 Web: www.lotties.de
- www.hess-natur.de
- www.bellybutton.de

Register

Abwehrmechanismen S. 181
Albträume S. 23
allein gelassen S. 30, 118
Anamnese S. 184
Anerkennung S. 182
Angst S. 31, 49, 51, 168, 174f., 193
Atem S. 63

Bauchmassage S. 131
Beckenboden S. 105
 -Probleme S. 42
Beckenendlage S. 148
Begleitung, unachtsame S. 32
Behinderung S. 27
Berufstätigkeit S. 51
Betreuung, schlechte S. 118
Bewegung S. 51
Bewegungsmeditation S. 65
 -übungen S. 96
Blähungen S. 154
Bonding S. 38, 194

Chiropraktoren S. 151
»Coaching« S. 75
»Coping-Kompetenz« S. 56
Cranio-Sacral-Therapie S. 20, 151, 155
CTG S. 194

Dammmassage S. 132
 -schnitt S. 196
 -schutz S. 194
»Doula« S. 50, 193

Eingriff S. 197
Entspannung S. 51, 80, 89
Enttäuschungen S. 190
Erinnerungen S. 48, 91
Erwartungen S. 190

Fachleute S. 54, 58
Fehlgeburten S. 26
»Fliegergriff« S. 154f.
»Flucht-und-Kampf-Fähigkeiten« S. 97

Gebärfähigkeit S. 192
 -positionen S. 194
Geborgenheit S. 90
Geburtsbericht S. 40, 69, 74, 119
 -erlebnis S. 119
 -geschichte S. 40, 49
 -häuser S. 50
 -helfer S. 172
 -team S. 194
 -trauma S. 29, 36, 138, 167
 -für den Mann S. 167, 169f.
 -vorbereitung S. 193, 197
Gewalterfahrungen S. 22, 34, 184

Grenzen S. 83, 179, 187
Grenzüberschreitung S. 83
Gynäkologen S. 74

»Handling« S. 162
Hebamme S. 63, 74, 168, 172, 193, 196
 -freiberufliche S. 50, 153
 -Beleg- S. 50
Heilpraktiker S. 74
Heilung S. 202
Heilungsreise S. 62
 -Tagebuch S. 64
Hingabe S. 197f.
Hoffnung S. 188
Homöopathie S. 155

Intimität S. 31, 193
Isolierung S. 23

Kaiserschnitt S. 50, 105, 131, 142, 153, 196
KISS-Syndrom S. 148, 151
Komplikationen und Eingriffe S. 27
Kontrollverlust S. 27
Körperarbeit S. 50, 76
 -psychotherapie S. 76, 199
 -sensationen S. 64, 85
 -therapie S. 79
Krankenhaus S. 121
»Kristeller-Handgriff«, S. 28

Malen S. 51, 127
Märchen S. 122
Medikamente S. 152
Missbrauch S. 22, 34, 186

Mitgefühl S. 176, 183, 186
Mutter-Sein S. 201
Mütterzentren S. 75

Nahtod-Erlebnisse S. 20
Neugeborenes S. 139, 147, 156, 164, 181, 199
NLP S. 75
Notkaiserschnitt S. 42

Ohnmacht S. 168
Osteopathie S. 151

Panik S. 43
Posttraumatische Belastungsstörung *siehe* PTBS
Pränatal-Diagnostik S. 27
»professionelle Distanz« S. 175
Psychotherapie S. 76
PTBS S. 21, 42, 164

Regulationsstörung S. 153
Reich, Wilhelm S. 20, 34, 79, 140, 180
REM-Schlaf S. 158
Ritual S. 132

Sauglocke S. 146f.
Schädelknochen S. 148
 -verformungen S. 147
Scham S. 106
Schicksalsschläge S. 197
Schlaf S. 150, 156
 -bedürfnis S. 157
 -phasen S. 158
 -störungen S. 164
 -training S. 150

Schlüsselbeinbruch (beim Kind) S. 146
Schmerzen S. 27
Schmerzerleichterung S. 196
Schock S. 18
Schrecken S. 170
Schreckhaftigkeit S. 160, 164
Schreien S. 149, 152
»Schreisprechstunde« S. 152
Schutzmechanismen S. 87
Schwangerschaft S. 44, S. 46, 169, 180, 191, 194
-streifen S. 131
Selbstheilung S. 143
Selbstheilungskräfte S. 165
Selbsthilfe S. 59, 61
-massage S. 129
-regulierung S. 148, 159
-wahrnehmung S. 69
Sexualität S. 37, 41, 169
Sicherheit S. 80, 83
Starre, innere S. 23
Stillen S. 150
Stillberaterin S. 153, 155
-probleme S. 39, 75, 148, 153
»Stillfreundliches Krankenhaus« S. 153
Supervision S. 178

Tiefschlaf S. 158
Tod des Kindes S. 26, 47
Tränen S. 40
Trauer S. 47, 170
Traum S. 13, 43, 168, 187, 191
Trauma S. 18, 177, 180
-forschung S. 29
-Heilung S. 19, 177
-therapie S. 44, 76f.
Traumgeburt S. 199
Trost S. 47

Übererregung S. 22

Vater-Sein S. 201
Verantwortung S. 168, 173
Versagen S. 41, 105-106, 167, 182
Versagensgefühl S. 153
Vertrauen S. 165, 197
Verzweiflung S. 25, 149
Vorbild S. 145
Vorsorge S. 47, 50

Wehenschmerzen S. 168
Wochenbett-Depression S. 41
Wochenbett-Psychose S. 41
Wochenplan S. 160
Wunschkaiserschnitt S. 192

Kontakt

Menschen sind am glücklichsten,
wenn sie mit ihrem inneren Reichtum
der Welt ein Geschenk machen können.

viva.

Viresha J. Bloemeke
Telefon: 040/420 59 57,
Telefax: 040/420 59 59

Helen Maja Heinemann
Telefon: 040/64 08 92 64,
Telefax: 040/64 08 92 65

E-mail: Info@viva-wandelzeiten
Web: www.viva-wandelzeiten.de

viva. Gesundheit in Wandelzeiten

Vorträge, Seminare, Coaching, Körperarbeit

Persönliche Notizen

Persönliche Notizen

Persönliche Notizen

Persönliche Notizen

Eine Familie wird geboren

Wie Sie die Zeit nach der Geburt des Babys positiv erleben und genießen können und sich gut auf die neue Familiensituation einstimmen.
Alles rund ums Wochenbett widmet sich folgenden Themen: Das Neugeborene, seine Bedürfnisse und seine Persönlichkeit • Eltern-Kind-Beziehung • Babypflege • Milchbildung und Stillen • Ernährung • Körperliche und seelische Umstellungs- und Heilungsprozesse • Entspannung • Massagen • Rückbildungsübungen • Mutter und Vater, Frau und Mann • u.v.a.m. – Das einfühlsame Begleitbuch von Viresha J. Bloemeke für alle Fragen nach der Geburt.

Viresha J. Bloemeke
ALLES RUND UMS WOCHENBETT
Die ersten Monate der jungen Familie
264 Seiten. Klappenbroschur
ISBN 3-466-34405-0

Kompetent & lebendig.
LEBEN MIT KINDERN

Kösel-Verlag, München, e-mail: info@koesel.de
Besuchen Sie uns im Internet: www.koesel.de

Miteinander vertraut werden

Entspannen, beruhigen, stärken und Vertrauen fördern: Die tägliche Babymassage ist eines der kostbarsten Geschenke, die Sie Ihrem Kind und sich selbst machen können. Durch liebevolle Achtsamkeit und sanfte Berührung lernen Sie, die nonverbale Sprache Ihres Babys zu verstehen und auf seine Bedürfnisse einzugehen.

Vimala Schneider
BABYMASSAGE
Praktische Anleitung für
Mütter und Väter
208 Seiten. Mit zahlreichen Fotos.
Kartoniert
ISBN 3-466-34452-2

Kompetent & lebendig.
LEBEN MIT KINDERN

Kösel-Verlag, München, e-mail: info@koesel.de
Besuchen Sie uns im Internet: www.koesel.de

Ein Erziehungs(lese)buch mit Herz und Verstand

Ursula Neumann
Wenn die Kinder klein sind, gib ihnen Wurzeln, wenn sie groß sind, gib ihnen Flügel
Ein Elternbuch

Ursula Neumann
WENN DIE KINDER KLEIN SIND, GIB IHNEN WURZELN, WENN SIE GROß SIND, GIB IHNEN FLÜGEL
Ein Elternbuch
Erweiterte Neuauflage
ISBN 3-466-30615-9

Die erfahrene Psychotherapeutin Ursula Neumann zeigt die reiche Gefühlswelt von Kindern, damit wir individuell und altersgemäß auf sie eingehen und ihre Entwicklung zu selbstbewussten Menschen fördern können.
Die erweiterte Neuauflage geht über die ersten sechs Lebensjahre hinaus und befasst sich auch mit dem Innenleben von Schulkindern.

»Die vielen anschaulichen Beispiele aus der Praxis gestalten das Buch bunt und lebhaft. Es schleppt keinen theoretischen Ballast mit sich und liest sich geradezu spannend. Ein ›psychologisches Lesebuch‹, ein Ratgeber, aus dem Eltern, Erzieher und Lehrer manchen Nutzen ziehen werden.«
anhaltspunkte Hannover

Kompetent & lebendig.
LEBEN MIT KINDERN

Kösel-Verlag, München, e-mail: info@koesel.de
Besuchen Sie uns im Internet: www.koesel.de